Anjos da Guarda

Como Entrar em Contato e Trabalhar com Protetores Angélicos

Richard Webster

Anjos da Guarda

Como Entrar em Contato e Trabalhar com Protetores Angélicos

Tradução:
Bianca Rocha

MADRAS®

Publicado originalmente em inglês sob o título *Guardian Angels: How to Contact & Work with Angelic Protectors*, por Llewellyn Publications.
© 2022, Richard Webster.
Direitos de edição e tradução para todos os países de língua portuguesa.
Tradução autorizada do inglês.
© 2023, Madras Editora Ltda.

Editor:
Wagner Veneziani Costa (*in memoriam*)

Produção e Capa:
Equipe Técnica Madras

Tradução:
Bianca Rocha

Revisão da Tradução:
Jefferson Rosado

Revisão:
Ana Paula Luccisano

Dados Internacionais de Catalogação na Publicação (CIP)
(Câmara Brasileira do Livro, SP, Brasil)

Webster, Richard
Anjos da guarda : como entrar em contato e trabalhar com protetores angélicos / Richard Webster ; tradução Bianca Rocha. -- 1. ed. --
São Paulo : Madras Editora, 2023.
Título original: Guardian Angels

ISBN 978-65-5620-055-2

1. Anjos 2. Anjos - Ensinamentos 3. Anjos da guarda 4. Espiritualidade I. Título.

23-145095   CDD-291.4

Índices para catálogo sistemático:
1. Anjos da guarda : Autoajuda e espiritualidade : Religiões 291.4
Henrique Ribeiro Soares - Bibliotecário - CRB-8/9314

É proibida a reprodução total ou parcial desta obra, de qualquer forma ou por qualquer meio eletrônico, mecânico, inclusive por meio de processos xerográficos, incluindo ainda o uso da internet, sem a permissão expressa da Madras Editora, na pessoa de seu editor (Lei nº 9.610, de 19/2/1998).

Todos os direitos desta edição, em língua portuguesa, reservados pela

MADRAS EDITORA LTDA.
Rua Paulo Gonçalves, 88 – Santana
CEP: 02403-020 – São Paulo/SP
Tel.: (11) 2281-5555 – (11) 98128-7754
www.madras.com.br

Para o meu grande amigo Nick Belleas

Agradecimentos

Sou eternamente grato à equipe talentosa, anterior e atual, da Llewellyn Publications, que me orientou e me ajudou nos últimos 30 anos. *Anjos da Guarda* é o meu sexto livro com a Llewellyn. O entusiasmo, a simpatia, o incentivo e o apoio de todos têm sido incríveis. Penso em vocês todos os dias. Muito obrigado.

Desde meus 8 anos de idade, muitas pessoas me ajudaram a desenvolver minha paixão pelos anjos. Gostaria de agradecer especialmente a Nick Belleas, Doug Dyment, Tony Iacoviello, Jesse James, Sandi Liss, Robyn Luke, Darrell Mac, Mick Peck, Ken Ring, Blair Robertson, Neal Scryer, Jon Stetson, Luca Volpe, Alan Watson e Dr. Jeremy Weiss. Eles são todos amigos incríveis, que me incentivaram de muitas maneiras. Sou muito abençoado.

Índice

Introdução 13
Capítulo 1
O que é um Anjo da Guarda? 15
   Anjos da Guarda 18
   Sócrates 19
   José e o Certo Homem 25
   Tobias e Rafael 26
   O Seu Anjo da Guarda 29
   Papa Pio XI 30

Capítulo 2
O que o Seu Anjo da Guarda Faz? 33
   São João Bosco e Grigio 35
   AB 38
   Por que o Seu Anjo da Guarda Nem Sempre
   Oferece Ajuda? 41
      Carma 41
      Testes 42
      Manter-se no Caminho 42
   O Maior Problema do Seu Anjo da Guarda 43
   Dr. John C. Lilly 43

Capítulo 3
Conheça o Seu Anjo da Guarda 45
   Como Sentir o Seu Anjo da Guarda 47
      Uma Sensação de Saber 47
      Crie Seu Próprio Espaço Sagrado 48
      Invocação de Proteção Angélica 50

Sonhos..53
Pensamentos e Sentimentos..54
Intuição..55
Meditação..56
Oração..57
Coincidências, Sincronicidade e Serendipidade..................58
Números Angélicos..59
Cartas..60
Caixa do Anjo da Guarda..64
Diário Angélico..64
Escrita Automática..65
Conversa Automática..67
Criatividade..68
Meditação com Vela..68
Radiestesia com Pêndulo..69
Cartas dos Anjos..75
É Possível Ver o Seu Anjo da Guarda?.....................................79

Capítulo 4
Trabalhe com o Seu Anjo da Guarda......................................87
Como Descobrir o Nome do Seu Anjo da Guarda..............87
Meditação do Anjo da Guarda..88
Bibliomancia Angélica..92
O Cristal do Seu Anjo..94
    Celestita..95
    Selenita..95
    Quartzo Rutilado..95
    Manganocalcita..95
    Angelita..95
    Prehnita Verde..96
Invocação Colorida..100
Caminhando com o Seu Anjo da Guarda..........................103
Curando-se com o Seu Anjo da Guarda............................104
Aconselhamento do Seu Anjo da Guarda..........................107
Sua Saúde Espiritual..111
    Auras..111
    Chacras..115

Como Equilibrar Seus Chacras com o Seu Anjo da Guarda ...119
Como Harmonizar Seus Chacras 123
Como Transmitir Amor com Seu Anjo da Guarda 124
Crescimento Espiritual com o Seu Anjo da Guarda 126
Exercício das Três Respirações 128
Observação Reflexiva 128
Exercício de Contemplação Espiritual 130
O Ritual do Anjo da Guarda para se Livrar
da Bagagem Emocional 131
Crenças Limitantes 135
Autoestima e o Seu Anjo da Guarda 142
Como Curar um Coração Partido 148
Como Trabalhar com os Anjos da Guarda de
Outras Pessoas 153
Como Pedir para o Seu Anjo da Guarda Conversar
com o Anjo da Guarda de Outra Pessoa 154
Como Transmitir Cura para as Outras Pessoas com o
Seu Anjo da Guarda 154
Anjos da Guarda em Cores 155
    Vermelho 157
    Laranja 157
    Amarelo 158
    Verde 158
    Azul 158
    Anil 159
    Violeta 159
    Prateado 159
    Dourado 159
    Rosa 160

Capítulo 5
Orações e Bênçãos 161
    O Ritual 163
        Preparação 163
        Como Criar o Círculo de Proteção 163
        Purificação Pessoal 164
    Bênção Angélica 166

Bênçãos Diárias 171
Oração do Coração com o Seu Anjo da Guarda 173
Conclusão 177
Bibliografia 181
Índice Remissivo..187

Introdução

De acordo com uma pesquisa realizada pelo Institute for Studies of Religion, da Universidade Baylor, em 2008, 69% dos norte-americanos acreditam em anjos, 46% acreditam em anjos da guarda, e 5% acreditam já terem visto ou ouvido um anjo (revista *Time*, 18 de setembro de 2008). Na mesma enquete, 55% dos norte-americanos disseram terem sido protegidos de um perigo por um anjo (https://www.baylor.edu/mediacommunications/news.php?action=story&story=52815). Uma pesquisa de 2010 realizada pelo ICM para a Bible Society descreveu que 31% das pessoas no Reino Unido acreditavam em anjos, 29% acreditavam em anjos da guarda e 5% afirmaram já terem visto ou ouvido um anjo (*Daily Telegraph*, 17 de dezembro de 2012).

Os anjos são seres espirituais que auxiliam Deus e agem como mensageiros divinos. Na verdade, a palavra "anjo" vem da palavra grega *angelos*, que significa "mensageiro". A Bíblia descreve os anjos como "espíritos ministradores, enviados para servir aqueles que serão herdeiros da salvação" (Hebreus 1:14). São Tomás de Aquino (1225-1274), filósofo e teólogo italiano, acreditava que os anjos são constituídos de puro pensamento ou intelecto. Eles podem assumir corpos físicos sempre quando necessário, mas, mesmo assim, são compostos de nada além de puro pensamento. Mestre Eckhart (c. 1260-c. 1328), místico alemão, escreveu: "Isto é tudo o que um anjo é: uma ideia de Deus" (VON HOCHHEIM, 1998). O Dr. John C. Lilly (1915-2001), neurocientista e filósofo norte-americano, acreditava que um anjo era um "ser de um plano superior ao nosso" (JOVANOVIC, 1995, p. 12).

Os anjos da guarda são designados a proteger e orientar as pessoas conforme elas progridem ao longo da vida. Apesar de fazerem isso porque estão trabalhando para o Divino, eles genuinamente amam as pessoas que estão protegendo e se preocupam com elas. Todo mundo tem pelo menos um anjo da guarda.

O fato de você ter um anjo da guarda significa que nunca está sozinho. Seu anjo da guarda trabalha incansavelmente por você, não apenas ao longo desta vida, mas também nas vidas passadas e nas vidas futuras.

Até o início do século XX, um cumprimento comum entre fazendeiros franceses era: "Bom dia a você e ao seu companheiro". O companheiro era o anjo da guarda do fazendeiro.

O objetivo principal deste livro é ajudá-lo a desenvolver uma relação com o seu anjo da guarda. Você aprenderá a entrar em contato com seu anjo da guarda, descobrirá o nome dele e trabalhará com ele para aprimorar diferentes aspectos da sua vida. Ao longo do percurso, você também aprenderá um pouco da história dos anjos da guarda e ficará sabendo sobre pessoas que se comunicavam frequentemente com seus anjos guardiões. Espero que, quando você terminar de ler este livro, esteja se comunicando frequentemente com seu melhor amigo – seu anjo da guarda.

Capítulo 1

O que é um Anjo da Guarda?

Muitas pessoas tentaram definir os anjos, mas ninguém foi capaz de responder de forma conclusiva à seguinte pergunta: "O que são os anjos?". Os anjos parecem ser seres celestiais de pura luz que atuam em uma frequência vibracional diferente da nossa. Consequentemente, eles costumam ser invisíveis aos olhos humanos. No entanto, em situações excepcionais, como quando alguém precisa de proteção, ajuda ou consolo, os anjos podem baixar suas vibrações para um nível humano. Quando eles fazem isso, nós podemos sentir sua presença e, algumas vezes, até mesmo vê-los.

Ninguém conhece a aparência dos anjos, pois eles aparecem em qualquer aspecto ou forma que desejarem. Se eu vir um anjo hoje e você vir o mesmo anjo amanhã, podemos ter descrições totalmente diferentes sobre a aparência dele, pois ele pode aparecer de uma forma para mim e de maneira distinta para você. Na Bíblia, os anjos são presumidamente masculinos, mas, na realidade, eles não têm gênero e podem aparecer como homens, mulheres, adolescentes ou crianças. As pessoas são mais propensas a escutar os anjos e se comunicar com eles quando esses seres aparecem em um modo não ameaçador. Na Bíblia, os anjos podem ter aparentado ser ameaçadores; as primeiras palavras que eles disseram aos seres humanos foram: "Não tema" ou "Não tenhais medo" (Daniel 8:17; Daniel 10:11; Mateus 28:5; Marcos 16:6; Lucas 1:12-13 e 30; Lucas 2:9; Atos 10:4).

Muitas pessoas esperam que os anjos tenham asas, mas eles apenas parecem tê-las se a pessoa pensa que essa é a aparência deles. Os anjos não voam pelos ares para se locomover de um lugar ao outro. Em vez disso, viajam para onde são necessários em uma fração de segundo. É por esse motivo que você pode invocar um anjo e receber ajuda imediata. Além de figuras aladas, os anjos algumas vezes aparecem na forma de pássaros ou borboletas. Também é possível para eles surgirem como arco-íris, luzes brilhantes ou qualquer outra forma que desejarem. Os anjos sabem com qual aspecto ou forma eles precisam aparecer para chamar a atenção de uma pessoa e garantir que ela escute a mensagem e, esperançosamente, aja de acordo com isso.

Algumas pessoas acreditam que se tornarão anjos após o fim desta vida. Dizer que o céu ganhou outro anjo quando alguém morre consola muita gente. No entanto, esse não é o caso, pois os seres humanos e os anjos são espécies completamente diferentes, que foram criadas para propósitos distintos.

Essa crença tem origem há mais de 2 mil anos, quando Baruque ben Neriá escreveu: "no esplendor dos anjos... pois eles vão viver nos céus deste mundo e serão como anjos e iguais às estrelas... E a excelência do justo será, então, superior àquela dos anjos" (2 Baruque 51.3-5). Baruque obviamente acreditava que as pessoas boas se tornavam anjos, mas um tipo especial: anjos que eram superiores a outros anjos. Na verdade, a crença era de que pessoas boas se tornavam anjos que eram iguais às estrelas. Naquela época, as pessoas acreditavam que as estrelas fossem anjos excepcionalmente poderosos.

A crença de que as pessoas se tornavam anjos depois que morriam cresceu muito no final da Idade Média, uma época em que bebês e crianças pequenas eram especialmente suscetíveis a pragas. Era um consolo para os pais desamparados acreditarem que seus filhos mortos tinham se tornado anjinhos felizes que podiam retornar e confortá-los. Essa crença cresceu porque, naquela época, artistas começaram a retratar os anjos como pequenos querubins rechonchudos. Dito isso, é muito raro um ser humano se transformar em um anjo. Na verdade, existe apenas um exemplo de uma pessoa que pode ter se tornado um anjo: de acordo com o terceiro livro de Enoque, o profeta Enoque foi transformado em Metatron, o anjo mais importante da tradição judaica. Há relatos de que São Francisco de

Assis se tornou um anjo após ter morrido, mas isso sempre foi negado pela Igreja Católica.

Assim como os seres humanos, os anjos possuem livre-arbítrio. O exemplo mais conhecido a respeito disso é o de Lúcifer, que já foi um dos principais anjos do céu. Ele queria o poder de Deus para si mesmo e tentou obtê-lo iniciando a guerra no céu. Lúcifer e seus seguidores (supostamente cerca de um terço dos anjos no céu) perderam a batalha e foram expulsos. No entanto, o número de anjos no céu ainda é enorme. Em Apocalipse 5:11, João relata: "ouvi a voz de muitos anjos ao redor do trono, e dos animais, e dos anciãos; e era o número deles miríades de miríades, e milhares de milhares".

De acordo com a Bíblia, os anjos estavam presentes quando Deus criou a Terra. Deus perguntou a Jó: "Onde estavas tu quando eu fundava a Terra? Declara, se tens entendimento... ou quem assentou a pedra angular? Quando as estrelas da alva juntas cantavam e todos os filhos de Deus jubilavam?" (Jó 38:4, 6-7). As expressões "estrelas da alva" e "filhos de Deus" se referem aos anjos.

A principal missão dos anjos é levar mensagens do Divino e para ele. Na verdade, a palavra "anjo" vem da palavra grega *angelos*, que significa "mensageiro". A Bíblia contém muitos episódios nos quais anjos apareceram para as pessoas com uma mensagem do Divino. O exemplo mais famoso a respeito disso é quando o Arcanjo Gabriel visitou a Virgem Maria e afirmou que ela daria à luz Jesus, o filho de Deus. Uma antiga lenda judaica afirma que, quando Gabriel se apresentou a Abraão, disse: "Eu sou o anjo Gabriel, o mensageiro de Deus" (GINZBERG, 2003, p. 189). Gabriel sempre foi considerado o mensageiro mais importante de Deus e, em 1951, o Papa Pio XII declarou o Arcanjo Gabriel como santo padroeiro dos trabalhadores dos correios. Isso significa que o principal mensageiro de Deus zela pelas pessoas que entregam mensagens.

Além de atuarem como mensageiros, os anjos possuem muitos outros deveres. Eles guardam o trono de Deus (Gênesis 32:1; Salmos 103:21; 1 Reis 22:19; Jó 1:6) e o adoram e o louvam. Em Isaías 6:3, os serafins, que são anjos importantes, pairam ao redor de Deus dizendo: "Santo, santo, santo é o SENHOR dos exércitos: toda a terra está repleta de Sua glória".

Os anjos às vezes são invocados para controlar as forças da natureza. São João, o Divino, escreveu: "Eu vi quatro anjos nos quatro cantos da terra, detendo os quatro ventos da terra, para que o vento não soprasse sobre a terra, nem sobre o mar, nem sobre árvore alguma" (Apocalipse 7:1).

Os anjos possuem um forte senso de certo e errado (2 Samuel 14:17) e ficam contentes sempre que um pecador se arrepende. No entanto, eles também estão preparados para punir os perversos quando necessário (Gênesis 22:11; Êxodo 14:19; Números 20:16; Salmos 34:7).

Os anjos conduzem as almas dos justos ao céu e estão sempre presentes quando as pessoas rezam. Eles trabalham incessantemente para Deus e estarão presentes em Sua segunda vinda, de acordo com a tradição cristã.

Anjos da Guarda

Por milhares de anos, as pessoas têm sido confortadas ao saberem que possuem um anjo da guarda sábio, bondoso e protetor, que cuida delas desde seu nascimento. Algumas acreditam que os anjos da guarda começam a cuidar de seus protegidos desde o momento da concepção. Eu gosto da antiga história que diz que o anjo da guarda aparece quando o bebê ri pela primeira vez. Aparentemente, nossos anjos da guarda cuidam de nós ao longo de muitas vidas, bem como nos períodos entre as encarnações.

O conceito de anjos da guarda teve início na antiga Mesopotâmia, onde as pessoas acreditavam que tinham deuses pessoais. Eles eram conhecidos como *massar sulmi* ("o guardião do bem-estar do homem"). Os zoroastrianos denominavam esses seres protetores *fravashis* ou *arda fravash* (que significa "Santos Anjos da Guarda"). Os *fravashis* originalmente protegiam as fronteiras do céu, mas se voluntariaram para vir para a Terra, a fim de ajudar as pessoas. O *fravashi* também é um ideal que a alma deve tentar alcançar e ao qual, por fim, deve se unir após a pessoa morrer (DHALLA, 1938, p. 375-378). De forma semelhante, os assírios e os babilônios tinham os *keribu*, guardiões espirituais que protegiam os portões de templos e palácios.

Os gregos antigos tinham espíritos denominados *daimons*, que os guiavam ao longo da vida. Platão acreditava que, até mesmo antes da concepção, uma alma escolhia sua encarnação futura, além de um *daimon* para atuar como mestre, guia e defensor. Em seu livro *A República*, Platão reconta a antiga história dos três Destinos, as moiras. Também conhecidas como filhas da noite, as moiras supervisionam esse processo: Cloto (fiandeira) gira o fio da vida de uma pessoa em um fuso; Láquesis (distribuitriz) mede o fio com sua vara de medição; e Átropos (que significa "inflexível", uma metáfora para a morte) corta o fio. Esse processo revela a qualidade e a duração da vida que uma alma terá em sua próxima encarnação. Ele também garante que todos cumpram o destino ao qual foram designados pelas leis do universo. Apenas Zeus, o deus do destino, era capaz de intervir e alterar a sina de uma pessoa. Quando as pessoas nasciam, elas esqueciam tudo o que havia acontecido antes do nascimento e tinham de reaprender as escolhas que suas almas fizeram. Isso é semelhante à filosofia que eu aprendi em um poema durante o ensino médio: "Prenúncios da Imortalidade", do poeta inglês William Wordsworth (1770-1850):

> Nosso nascimento é apenas sono e um esquecimento:
> A Alma que se ergue conosco, a Estrela da nossa vida,
> Teve em outro lugar o seu poente
> E vem de longe:
> Não em total esquecimento,
> Nem em completa nudez,
> Mas trilhando nuvens de glória viemos
> De Deus, que é o nosso lar.

Sócrates

O poeta grego antigo Hesíodo (fl. c. 750 a.C.) foi provavelmente a primeira pessoa a escrever sobre o conceito de um *daimon* como um espírito protetor de um indivíduo e um companheiro de toda a vida (PARISEN, 1990, p. 177). Trezentos anos depois, a maioria dos gregos antigos acreditava em *daimones*, seres sobrenaturais que se enquadravam entre os deuses e os seres humanos. Eles acreditavam que todas as pessoas tinham um *daimon* que as guiava e determinava seu percurso ao longo da vida. O filósofo Heráclito de Éfeso (c. 535-475 a.C.) escreveu: "*Ethos anthropoi daimon*", que significa: "o caráter de uma pessoa é o [seu] destino".

Outro filósofo grego, Sócrates (470-399 a.C.), foi a primeira pessoa a falar abertamente sobre seu anjo da guarda. Ele o denominava *daimonion*, que significa (pelo menos de acordo com Cícero) "algo divino". Sócrates relatou que seu *daimon* conversava com ele frequentemente e, conforme ele mesmo disse na *Apologia*, de Platão, "sempre me proíbe de fazer algo que eu vou fazer, mas nunca me ordena a fazer alguma coisa". O *daimonion* começou a conversar com Sócrates quando ele era criança e constantemente questionava tudo.

Existem muitas histórias sobre Sócrates e seu *daimon*. Um dia, enquanto caminhava pelas ruas de Atenas com um grupo de amigos, Sócrates parou de andar porque seu *daimon* lhe disse para não seguir pela rota específica em que eles estavam caminhando. Os amigos ignoraram o conselho do *daimon* de Sócrates e continuaram andando. De modo repentino e inesperado, eles foram atropelados por um rebanho de porcos.

Sócrates teve muitos inimigos que o acusaram de corromper os jovens. Ele foi considerado culpado de falsas acusações e sentenciado à morte por ingestão de veneno. No último dia de sua vida, Sócrates falou para seus amigos sobre a alma, e como ela era eterna e imortal. Ele convenceu seus amigos a respeito dessa ideia e, de acordo com Platão, bebeu a cicuta "regozijando-se", pois sua alma se libertaria das amarras do corpo.

Os romanos antigos acreditavam que toda mulher tinha um espírito guardião denominado *juno* e todo homem tinha um *gênio*. Estes eram considerados um poder superior que criava e mantinha a vida. Como os *daimones* gregos, a juno e o gênio estavam presentes no nascimento de seus protegidos, determinavam seu caráter e tentavam influenciá-los para que levassem vidas justas e honestas. Eles os acompanhavam ao longo da existência como espíritos tutelares e cuidavam de seus descendentes após a morte deles.

Com o passar do tempo, a angelologia zoroastriana foi apropriada pelo Judaísmo, e acabou se tornando parte também dos sistemas de crenças cristão e islâmico. A crença em anjos da guarda pessoais tem origem há milhares de anos (Jubileus 35:17; Testamento de Levi 5:3; De Gigantibus de Fílon 12).

A primeira menção a um anjo da guarda na Bíblia ocorreu quando Yahweh disse a Moisés: "Eis que envio um anjo diante de ti, para que te mantenha no caminho e te leve para o lugar que eu preparei" (Êxodo 23:20).

O salmista Davi escreveu que Deus "dará a seus anjos ordem a teu respeito, para te guardarem em todos os teus caminhos" (Salmos 91:11). Jesus se referiu aos anjos da guarda das crianças quando ele disse: "Cuidado para não desprezarem nenhum destes pequeninos; pois eu digo a vocês que no céu os anjos deles sempre contemplam a face de meu Pai, que está no céu" (Mateus 18:10).

Após Pedro ter sido libertado da prisão pelo Anjo do Senhor, ele foi até a casa de Maria, mãe de João. Quando ele bateu à porta, uma jovem criada foi abri-la. Ela ouviu a voz dele e, em vez de deixá-lo entrar, correu para contar a um grupo de pessoas o que havia escutado. Eles disseram: "Você está louca. Mas ela constantemente afirmava que era isso mesmo. Então, eles diziam: é o anjo dele" (Atos 12:15). São Paulo escreveu na Epístola aos Hebreus: "Não são eles [anjos] todos espíritos ministradores, enviados para servir aqueles que serão herdeiros da salvação?" (Hebreus 1:14).

Os anjos da guarda foram mencionados pela primeira vez em escritura não canônica no livro dos Jubileus, que foi escrito em cerca de 160 a 150 a.C.: "E não temas em relação a Jacó, pois o guardião de Jacó é grande e poderoso e honrado, e mais louvado que o guardião de Esaú" (Jubileus 35:17) (CHARLES, 1913).

O dramaturgo grego Menandro de Atenas (c. 342-c.-290 a.C.) escreveu: "Ao lado de cada homem que nasce na Terra, um anjo da guarda assume a sua posição para guiá-lo pelos mistérios da vida" (ADAM, 1911, p. 60).

Os primeiros pais da Igreja acreditavam em anjos da guarda, apesar de terem debatido se os pagãos ou as pessoas não batizadas teriam anjos guardiões. São Jerônimo escreveu: "Quão grande é a dignidade da alma, pois cada um tem, desde seu nascimento, um anjo encarregado de guardá-lo" (*The Fathers of the Church*, v. 117). São Basílio (329-379) e São João Crisóstomo (c. 347-420) acreditavam que os anjos da guarda apareciam apenas após uma pessoa ter sido batizada (São Basílio: Homilia em Salmos 43; São João Crisóstomo: Homilia 3, em Colossenses). São Jerônimo (c. 340-420) acreditava que todo mundo tinha um anjo da guarda. Orígenes (c. 184-c.-253), possivelmente o maior dos primeiros pais da Igreja, foi mais além do que a maioria, alertando que as pessoas podiam ter seus anjos da guarda afastados se fossem indignas, principalmente se fossem "descrentes". Ele também escreveu que as pessoas deveriam prestar atenção a quaisquer admoestações de seus anjos guardiões (ORIGEN, 1994, p. 296). Após discutirem muito, por fim, os pais da Igreja decidiram que todo mundo deve ter um anjo da guarda, pois esses seres eram necessários para incentivar as pessoas a se tornarem cristãs.

Possivelmente, a pessoa mais influente na história da angelologia é o autor que disse ser Dionísio, o Areopagita. Comumente conhecido como Pseudo-Dionísio, ele pode ter sido um monge sírio do final do século V. Sua verdadeira identidade é desconhecida; pressupõe-se que tenha adotado o nome "Dionísio, o Areopagita" para acrescentar credibilidade a seus escritos. O Dionísio verdadeiro viveu centenas de anos antes do autor que reivindicou o seu nome e foi brevemente mencionado na Bíblia (Atos 17:34). Ele foi um grego antigo convertido ao Cristianismo e se tornou o primeiro bispo de Atenas.

A Hierarquia Celeste, livro de Pseudo-Dionísio, popularizou o conceito de nove coros angélicos, uma crença que muitas pessoas ainda têm até hoje. Seus escritos tiveram uma grande influência sobre o pensamento cristão por quase 1.500 anos. A maior parte das ideias de Pseudo-Dionísio tem origem na filosofia neoplatônica, que foi popular no século III d.C. O conceito de que anjos faziam a mediação entre Deus e a humanidade é um exemplo. Os neoplatônicos denominavam os seres que faziam a comunicação entre Deus e a humanidade "*daimons*". Quando Pseudo-Dionísio cristianizou suas ideias, eles se tornaram "anjos".

Cerca de 800 anos depois, São Boaventura (1221-1274) escreveu que os anjos da guarda eram afetuosos e gostavam de se socializar com outros anjos. Eles eram um modelo de como o comportamento humano deveria ser, pois não existia inveja entre as diferentes hierarquias de anjos. São Boaventura também especulou que os anjos da guarda se sentiriam tristes e ficariam aflitos se seus protegidos não entrassem no céu.

Os teólogos continuaram a debater a possibilidade de que os anjos da guarda poderiam influenciar o livre-arbítrio das pessoas, dizendo-lhes no que elas deveriam acreditar. São Tomás de Aquino (1225-1274) respondeu a isso escrevendo que os anjos da guarda podiam agir sobre os sentidos e a imaginação dos indivíduos, mas não diretamente sobre a vontade deles (ST. THOMAS AQUINAS, *Summa Theologica*, 1.3:3-4, 1:106:2, 1.111:2 e 1.108:7). Conhecido na época como Doutor Angélico, São Tomás acreditava que os anjos da guarda poderiam deixar seus protegidos temporariamente, mas nunca de maneira permanente, não importando quais pecados a pessoa tivesse cometido. Ele também acreditava que os anjos da guarda permaneciam com seus protegidos após a morte e ficavam ao lado deles no céu.

Em razão da popularidade dos anjos da guarda nesse momento da história, uma capela dedicada a eles foi incluída nos planos da Catedral de Winchester. O teto dessa capela foi pintado em 1241 e contém 20 anjos que olham para a congregação por meio de janelas redondas semelhantes a escotilhas. Essa bela capela foi (e é) um lugar perfeito para as pessoas rezarem com seus anjos da guarda.

Em 1608, o Papa Paulo V proclamou que um dia de festa anual para os Santos Anjos da Guarda seria celebrado em 2 de outubro de cada ano.

Em 1968, o Papa Paulo VI (1897-1978) sancionou o estabelecimento da *Opus Sanctorum Angelorum* ou Obra dos Santos Anjos. Comumente conhecida como *Opus* ou *Opus Angelorum*, um dos objetivos dessa organização é incentivar a crença nos anjos da guarda. Os iniciados nessa organização passam por três fases.

A primeira fase dura um ano. Durante esse tempo, os iniciados aprendem os nomes de seus anjos da guarda e prometem a Deus que vão amá-los e agir conforme os desejos deles. Na segunda fase, o iniciado participa de uma cerimônia à luz de velas, prometendo se tornar como os anjos e venerá-los. A fase final inclui uma cerimônia de consagração a toda a hierarquia angélica.

Os anjos da guarda também desempenham um grande papel no Islamismo. Eles são considerados seres celestiais feitos de luz que vivem em um mundo místico. O Alcorão afirma: "Ele (Deus) vos envia guardiões. Por fim, quando a morte se aproximar de um de vós, os Nossos anjos recolhem sua alma, e eles nunca falham em seu dever" (Sura 6:61). No Islamismo, cada pessoa possui quatro anjos, conhecidos como *hafaza*. Dois anjos repousam sobre os ombros da pessoa e oferecem proteção durante o dia; os dois outros realizam a mesma tarefa à noite. Os *hafaza* registram cada ação, boa ou ruim, que seus protegidos pensam, dizem ou realizam.

No Hinduísmo, cada planta viva, animal ou pessoa possui um espírito guardião conhecido como *deva*, uma palavra em sânscrito traduzida como "iluminado". Esses seres espirituais oferecem proteção e cuidado a seus protegidos.

O Judaísmo incluiu anjos em seu sistema de crenças desde o período do Segundo Templo (c. 515 a.C.-70 d.C.). Na época medieval, de acordo com Pesikta Rabbati 44:1, uma interpretação rabínica da Bíblia, os judeus realmente acreditavam em anjos da guarda (https://www.sefaria.org/Pesikta_Rabbati.44.1?lang=bi&with=all&lang2=en). Na verdade, o Talmude diz que cada judeu possui 11 mil anjos da guarda, e "cada folha de grama tem sobre si um anjo que diz: 'cresça'". No entanto, a ideia popular de um anjo da guarda pessoal não faz parte do Judaísmo moderno. Em vez disso, toda vez que alguém realiza uma *mitzvá* (uma boa ação) cria um anjo que oferece proteção. Depois que a pessoa morre, esses anjos testemunham a favor da pessoa no céu.

José e o Certo Homem

Muitas pessoas conhecem a história de José e sua túnica de várias cores. Menos familiar é a possibilidade de que José encontrou seu anjo da guarda.

Quando José tinha 17 anos de idade, seu pai fez uma túnica multicolorida para ele. Isso enfureceu os irmãos de José, que sabiam que, como "ele era o filho da sua velhice" (Gênesis 37:3), era o favorito de seu pai. José também tinha sido insensato demais ao contar para seus irmãos um sonho que havia tido, no qual os irmãos estavam amarrando feixes de trigo em um campo. No sonho, os feixes de seus irmãos se prostraram diante do feixe dele. Isso deixou seus irmãos extremamente irritados. Outro sonho os irritou ainda mais. Um dia, o pai de José o enviou para procurar seus irmãos, a fim de que ele visse como eles estavam se saindo ao alimentar os rebanhos deles.

José partiu, mas fez pouco progresso, até que "um certo homem o encontrou vagando pelos campos" (Gênesis 37:15). Esse homem lhe disse que tinha escutado os irmãos de José dizerem que estavam indo para Dotã. José seguiu nessa direção e, por fim, os encontrou. Quando seus irmãos o viram a distância, decidiram matá-lo. No entanto, eles mudaram de ideia e o venderam para mercadores de escravos que estavam a caminho do Egito. Lá, os sonhos de José provaram ser extremamente úteis ao Faraó.

Essa narrativa é fundamental para a história do Judaísmo. Se o "certo homem" não tivesse dito a José onde encontrar seus irmãos, ele não teria sido vendido como escravo, mas também não teria acontecido um Êxodo, Moisés não teria recebido os dez mandamentos e a maior parte da história do povo judeu nunca teria ocorrido. Por causa disso, muitos séculos depois, os rabinos judeus decidiram que o "certo homem" deveria ter sido o anjo da guarda de José, que apareceu na forma humana para garantir que o destino de José se desenrolasse da maneira como deveria.

O conceito de um anjo da guarda, espírito pessoal ou *daimon* pode ser encontrado no mundo todo. Muitas pessoas na África Ocidental, principalmente em Benim e na Nigéria, possuem um espírito individual conhecido como *ehi*. O *ehi* permanece com a pessoa que ele está protegendo durante o dia, mas retorna para Osa, sua deidade suprema, à noite. Os *dayaks* do mar de Bornéu possuem um *nyarong*, ou ajudante espiritual, que aparece nos sonhos das pessoas. Os antigos maias tinham um *nahual*, um espírito animal, que guiava os indivíduos ao longo da vida, principalmente por meio de sonhos e visões.

Existem muitas crenças e histórias sobre anjos da guarda. Muitas pessoas acreditam que todos temos um anjo da guarda que cuida de nós ao longo desta vida. Provavelmente, uma mesma quantidade de pessoas também crê que temos dois anjos da guarda. Algumas das primeiras autoridades, incluindo Hermas e Gregório de Níssa (330-395), acreditavam que a todo mundo eram atribuídos tanto um anjo da guarda bom quanto um ruim. Outros pressupõem que temos um número ilimitado de anjos da guarda preparados e dispostos a nos ajudar sempre que precisamos deles. O Talmude afirma que todo judeu possui 11 mil anjos da guarda (DAVIDSON, 1967, p. 128). Algumas pessoas acreditam que o nosso anjo da guarda cuida de nós durante todas as nossas encarnações, bem como durante o momento em que passamos por diferentes vidas. Muitos creem que temos um anjo da guarda, mas outros anjos estão dispostos a intervir e nos auxiliar quando necessitamos deles. O teólogo francês Peter Lombard (1100-1160) acreditava que os anjos da guarda cuidavam de várias pessoas ao mesmo tempo (LOMBARD, 2008, livro 2, p. 11). Algumas pessoas presumem que os anjos são o aspecto espiritual de nós mesmos e que informações chegam até nós por meio da nossa mente superconsciente, diretamente conectada ao Divino. Como os anjos podem aparecer com diversos aspectos e de formas diferentes, parece que eles são o que acreditamos que eles sejam.

Tobias e Rafael

O Arcanjo Rafael é considerado o príncipe dos anjos da guarda, pois ele zela por toda a humanidade. Parte do motivo dessa reputação se deve ao fato de que ele era o anjo da guarda de Tobias, no

Livro de Tobias, um dos livros Apócrifos. Essa história nos diz que nunca estamos sozinhos, mas sempre acompanhados por um anjo da guarda que age como uma força de cura para nos permitir sermos o melhor que podemos ser. A história de Tobit (pai de Tobias) também fortaleceu a reputação de Rafael como curador e alguém que zela pelos peregrinos e por outros viajantes.

Tobit era um judeu bom e devoto, que foi exilado em Nínive cerca de 800 anos antes do nascimento de Cristo. O povo judeu estava sendo mantido preso em Nínive, e o rei Senaqueribe se recusou a deixá-los enterrar seus mortos. Tobit e um pequeno grupo de outros homens desafiaram esse decreto e enterraram secretamente os corpos.

Uma noite, Tobit estava desfrutando de seu jantar, quando ouviu sobre um novo corpo que precisava ser enterrado. Ele imediatamente interrompeu sua refeição e partiu para enterrar o corpo. Como ele ficou maculado por lidar com o corpo, não retornou para casa; em vez disso, dormiu no muro de um pátio.

Durante a noite, excrementos de pardais que estavam descansando sobre o muro caíram em seus olhos e, quando ele acordou, estava completamente cego. Tobit consultou muitos médicos, mas nenhum foi capaz de ajudá-lo a recuperar a visão. Sua esposa, Ana, teve de sair para trabalhar, a fim de ajudar a família a sobreviver.

Tobit tinha 50 anos de idade quando isso aconteceu. Oito anos depois, pensava em suicídio e rezou para Deus, suplicando-lhe para permitir que morresse. Ele começou a organizar suas coisas e pediu a Tobias, seu único filho, para viajar para Média, a fim de recolher um dinheiro que lhe era devido de um parceiro de negócios de lá. Tobit disse para Tobias encontrar alguém para viajar com ele por segurança, e falou que pagaria ao homem por seu tempo e trabalho.

Enquanto isso estava acontecendo em Nínive, uma mulher em Média, chamada Sara, também estava sofrendo. Ela tinha sido possuída por um demônio chamado Asmodeus, que havia matado todos os seus sete maridos antes de os casamentos terem sido consumados. Seus pais pensavam que ela nunca encontraria um marido, e seu pai, Raguel, rezou a Deus pedindo ajuda.

Quando Deus ouviu as preces de Tobit e Raguel, ele enviou Rafael para a Terra, a fim de recuperar a visão de Tobit e exorcizar o demônio de Sara.

Tobias encontrou um homem chamado Azarias para viajar com ele. Azarias disse a Tobit que eles eram parentes distantes. Sem o conhecimento de Tobias, Azarias era, na verdade, Rafael na forma humana.

Tobias e Azarias partiram para a viagem rumo a Média. Naquela noite, quando Tobias estava se banhando no Rio Tigre, um peixe enorme o atacou. Azarias disse-lhe para capturar o peixe, o que ele conseguiu fazer. Quando o peixe estava na margem, Azarias lhe falou para tirar o coração, o fígado e a vesícula biliar do animal. Eles cozinharam e comeram o restante do peixe.

Quando Tobias perguntou a Azarias por que eles tinham guardado o coração, o fígado e a vesícula biliar, foi-lhe dito que uma fumaça feita do coração e do fígado exorcizaria maus espíritos, e a vesícula biliar recuperaria a visão de um homem com uma camada branca em seus olhos.

Na manhã seguinte, eles retomaram a viagem. Quando se aproximaram de Média, Azarias disse a Tobias que eles deveriam ficar na casa de Raguel e que ele deveria se casar com Sara, a filha de Raguel.

Tobias ficou preocupado quando Azarias lhe falou que todos os sete maridos anteriores dela morreram na noite de núpcias. Azarias conseguiu lhe dar segurança, dizendo que, em sua noite de núpcias, ele deveria colocar um pouco do coração e do fígado do peixe para queimar como incenso, a fim de criar uma fumaça. Assim que o demônio sentisse o cheiro da fumaça, ele deixaria Sara e nunca mais retornaria.

Tobias concordou em se casar com Sara, e tudo aconteceu conforme Azarias havia previsto. Asmodeus, o demônio, fugiu assim que sentiu o cheiro da fumaça e foi "banido para as partes mais altas do Egito", onde Rafael o atou com uma corda. Durante a noite, o pai de Sara cavou uma cova para Tobias, pois estava convencido de que ele não sobreviveria à noite. Pela manhã, quando ele descobriu que Tobias ainda estava vivo, ordenou a seus servos para cobrirem a cova antes que o genro a visse. As celebrações do casamento duraram 14 dias e, durante esse tempo, Azarias recolheu o dinheiro que era devido a Tobit.

Quando as celebrações terminaram, Tobias levou sua esposa, Sara, e Azarias de volta para sua casa em Nínive. Tobias ungiu os olhos de seu pai com a vesícula biliar do peixe, e a visão de Tobit foi milagrosamente recuperada. A família, agradecida, ofereceu a Azarias metade do dinheiro que Tobias trouxe de volta de Média.

Azarias, então, disse a Tobit e Tobias que ele tinha levado as preces de Tobit e Sara e as boas ações de Tobit para Deus, e que Deus o enviou para curá-los. Azarias finalizou dizendo: "Eu sou Rafael, um dos sete santos anjos que apresentam as preces dos santos e permanecem diante da Glória do Senhor" (Tobias 12:15). Quando Tobit e Tobias ouviram essas palavras, eles se prostraram no chão com medo, mas Rafael lhes disse para não temerem. Rafael falou para eles levarem uma vida boa e justa, louvarem a Deus e escreverem tudo o que tinha acontecido.

O Seu Anjo da Guarda

O seu anjo da guarda é o seu mentor e amigo espiritual, que zela por você e tenta, incessantemente, guiá-lo e protegê-lo. Seu anjo da guarda não consegue eliminar os fatores cármicos com os quais você se deparará nesta vida. No entanto, ele fará tudo o que for possível para garantir que você lide com os efeitos cármicos de maneira positiva e criativa, a fim de ajudá-lo a progredir no futuro. Você possui o livre-arbítrio, e o seu anjo nunca vai se sobrepor a isso. Além disso, seu anjo não o ajudará se você escolher ignorar o conselho dele. Por outro lado, seu anjo sempre o auxiliará se você estiver disposto a aceitar ajuda. O grande problema enfrentado pela maioria dos anjos da guarda ocorre quando a pessoa de quem eles estão cuidando desconhece completamente a existência deles.

Independentemente do que você faça, seu anjo da guarda sempre o envolve com um amor incondicional. Seu anjo da guarda enxerga sua perfeição divina e deseja ajudá-lo a se tornar o melhor que você pode ser. Ele quer que você seja feliz e realizado, e trabalha constantemente a seu favor. A sua salvação é o principal objetivo do seu anjo da guarda.

Seu anjo da guarda o ajudará a desenvolver quaisquer habilidades ou traços de caráter que o farão progredir nesta vida com mais tranquilidade, felicidade e riqueza. Por exemplo, você pode pedir ajuda ao seu anjo para obter segurança, paz de espírito, paciência, sabedoria, confiança, amor, piedade ou aceitação. Não existe um limite em relação ao que você pode pedir, e, se o que pedir beneficiar você e sua alma, o seu anjo da guarda estará mais do que disposto a auxiliá-lo a desenvolver isso.

Naturalmente, seu anjo da guarda também o ajudará a obter controle no que diz respeito a traços negativos, como vício, raiva, inveja, egoísmo e desonestidade. No entanto, você precisa dar o primeiro passo e pedir para o seu anjo a ajuda específica de que necessita.

Seu anjo da guarda também pode ajudá-lo a entrar em contato com outros anjos para propósitos específicos. Se você necessita de cura, por exemplo, pode pedir para o seu anjo da guarda conversar com o Arcanjo Rafael por você. Seu anjo guardião também entrará em contato com os anjos da guarda de outras pessoas por você sempre que for necessário. Se, por exemplo, você estiver tendo problemas com alguém ou precisar discutir um assunto delicado, pode pedir para o seu anjo da guarda conversar com o anjo da guarda dessa pessoa e resolver a situação. O Papa Pio XI fazia isso frequentemente.

Papa Pio XI

O Papa Pio XI (1857-1939) rezava para o seu anjo da guarda duas vezes ao dia, além de sempre que fosse se reunir com alguém com quem pudesse ser difícil de lidar. Nessa situação, ele pedia a seu anjo da guarda para conversar com o anjo da guarda da outra pessoa com antecedência. Ele afirmava que os dois anjos guardiões rapidamente resolviam quaisquer dificuldades e que as reuniões transcorriam bem. Ele também aconselhou que, ao se mudar para uma nova vizinhança, deve-se pedir para o anjo da guarda conversar com os anjos da guarda dos novos vizinhos. O Papa Pio disse: "Nós sempre fomos maravilhosamente ajudados pelo nosso anjo da guarda. Frequentemente, nós sentimos que ele está aqui, por perto, pronto para nos ajudar" (HUBER, 1983, p. 14).

Diversos outros papas também falaram sobre anjos da guarda. O Papa Pio XII (1876-1958) disse que, quando ele ficava diante de multidões na Praça de São Pedro, via todas as pessoas, além dos anjos da guarda delas.

Seu anjo da guarda está constantemente cuidando de você e lhe transmite mensagens que você pode ou não captar. Por exemplo, você pode escutar uma voz suave e tranquila falando consigo. Também pode sentir um toque suave e sutil no seu braço ou em seu ombro. Pode ver penas, principalmente pequenas e brancas. Se as encontrar em lugares improváveis, é muito possível que o seu anjo da guarda esteja tentando chegar até você. Se uma luz tremular sem um motivo aparente, pode ser um sinal do seu anjo. Outros sinais incluem uma sensação de calor e conforto, uma brisa suave sem uma causa aparente, aromas deliciosos, música celestial, raios de luz e encontrar moedas de pequeno valor. Você pode receber mensagens do seu anjo da guarda nos seus sonhos. Sempre que algo incomum acontecer, como uma coincidência, analise, a fim de verificar se isso poderia ser uma mensagem para você.

Você poderia dizer que seu anjo da guarda é o seu melhor amigo, um treinador da vida perfeito e, em um sentido bem real, a sua "outra metade".

Idealmente, você também deve ser proativo e deixar que seu anjo da guarda saiba que você deseja desenvolver uma conexão mais próxima com ele.

Capítulo 2

O que o Seu Anjo da Guarda Faz?

A Principal função do seu anjo da guarda é proteger, guiar e cuidar da sua mente, do seu corpo e da sua alma em todas as suas vidas. Na tradição cristã, a responsabilidade essencial de um anjo da guarda é incentivar a alma a levar uma boa vida, o que assegurará que ela finalmente seja admitida no céu. Muitas pessoas acreditam que seus anjos da guarda as ajudaram em todas as reencarnações anteriores e, também, cuidarão delas em suas vidas futuras. Consequentemente, seu anjo da guarda nunca vai deixá-lo ou abandoná-lo. Os anjos da guarda são como mães que estão sempre cuidando de seus protegidos, na esperança de ver sinais de melhoria. São Basílio descreveu os anjos da guarda como nossos "pastores" e como "guardiões dos fiéis".

Os anjos da guarda possuem diversas tarefas importantes. Eles nos fornecem proteção espiritual e física quando a alma está em perigo. Muitas vezes, isso é realizado para nos proteger de violência ou de ataques mentais no mundo físico, mas os anjos guardiões também fornecem proteção contra a "armadilha do diabo" (2 Timóteo 2:26).

Eles incentivam bons pensamentos e boas ações. A alma raramente está ciente de que seu anjo da guarda está de modo sutil inspirando a pessoa a ter pensamentos bondosos e a fazer a coisa certa. Ocasionalmente, essa influência será percebida na forma de uma intuição ou de um pensamento. Isso pode ser notado como a voz da consciência. Em 2 de outubro de 2014, o Papa Francisco disse que, quando temos um pensamento como: "Eu não deveria fazer isso; isso não está certo", devemos ter cuidado, pois essa voz pertence ao nosso anjo da guarda ou "companheiro de viagem" (http://www.catholicnewsagency.com/news/be-like-children-believe-in-your-guardian-angel-pope-says-55343/). É importante observar que o seu anjo da guarda consegue ajudá-lo somente se você estiver disposto a ouvir e aceitar conselhos. Seu anjo da guarda nunca interferirá no seu livre-arbítrio, mas ele permitirá que você saiba quando pecou.

Os anjos guardiões rezam com seus protegidos. Uma crença popular é de que os anjos da guarda unem suas preces com as de suas almas, a fim de tornar as preces ainda mais eficazes e mais gratificantes para o Divino.

Os anjos da guarda corrigem as almas das pessoas quando elas estão perdidas. Se uma pessoa sucumbiu ao mal e à negatividade, o anjo da guarda dela fará tudo o que for possível para incentivá-la a retornar ao caminho da retidão. Os anjos guardiões celebram quando seus protegidos realizam um progresso espiritual. Eles também lamentam quando seus protegidos sucumbem à negatividade e à tentação.

Na tradição cristã, os anjos da guarda revelam a vontade de Deus. Um bom exemplo disso está registrado em Gênesis 22:9-18, em que um anjo evitou que Abraão sacrificasse Isaac e lhe contou sobre a enorme influência que seus descendentes teriam no mundo: "E em tua semente todas as nações da terra serão abençoadas; porquanto tu obedeceste à minha voz" (Gênesis 22:18).

Os anjos da guarda apresentam sinais, a fim de nos conduzir para onde devemos ir. Eles estão dispostos a proteger ou ajudar a todos os mencionados pelo seu protegido. Tudo o que é preciso fazer é nomear uma pessoa, e pedir que seu anjo ofereça a ajuda e o conforto que forem necessários.

Os anjos da guarda oferecem conforto e força interior para as pessoas quando elas estão sofrendo.

Os anjos guardiões propiciam orientação e ajudam seus protegidos a tomarem decisões morais corretas. Sempre que as pessoas são tentadas a fazer uma escolha incorreta, seus anjos da guarda fazem tudo o que é possível para incentivá-las a tomar a decisão certa.

Há muitos anos, fiz diversas palestras em uma prisão de segurança máxima, e muitos prisioneiros me falaram que tinham ouvido uma voz calma e tranquila dizendo-lhes para não tomarem determinada atitude, mas eles fizeram mesmo assim. Se tivessem passado alguns momentos ouvindo seus anjos da guarda, estariam aproveitando a vida em liberdade com sua família e seus amigos, em vez de estarem desperdiçando anos de suas vidas na prisão.

Os anjos da guarda ajudam as pessoas fisicamente. Em seu livro *The Dialogue on Miracles*, o monge cisterciense Cesário de Heisterbach (1180-1240) conta uma história sobre uma jovem que foi fisicamente ajudada por seu anjo enquanto estava sendo enforcada. Quando a corda foi finalmente cortada, o anjo a colocou no chão de forma suave (CAESARIUS OF HEISTERBACH, 1929). Há muitos relatos modernos de anjos da guarda que temporariamente se manifestaram como seres humanos para auxiliar seus protegidos em momentos de perigo. Existe uma história do começo do século XX frequentemente contada sobre a esposa de um fazendeiro chamada Edith, que estava sozinha em casa, quando um estranho bateu à sua porta. Ele perguntou se ela estava sozinha. Edith disse que seu marido estava em casa e gritou o nome dele. Para sua surpresa, uma voz que soava exatamente como a voz de seu marido respondeu do andar de cima, e o estranho foi embora o mais rápido que pôde (http://www.opusangelorum.org/). Existem três possibilidades quanto ao que criou a voz. Seria o anjo da guarda de Edith, que a estava protegendo? Seria talvez o anjo da guarda de seu marido? Ou seria o anjo da guarda do estranho, que impediu com sucesso que ele cometesse um crime? O anjo da guarda de São João Bosco, que aparecia como um cão quando era necessário, é outro bom exemplo de um anjo da guarda que oferecia proteção física.

São João Bosco e Grigio

A história de São João Bosco (1815-1888), um sacerdote que trabalhou com meninos de rua nas comunidades de Turim, é fascinante por muitos motivos, incluindo o fato de que seu anjo da guarda aparecia diversas vezes na forma de um cão enorme, parecido com um lobo, que nunca comia, bebia ou envelhecia. Muitos dos meninos com quem João Bosco tentou trabalhar não estavam interessados em ser ajudados ou salvos, e ele constantemente corria perigo de ser agredido e roubado. Em uma noite, em 1852, ele caminhava por uma parte perigosa de Turim enquanto rezava para Deus ajudá-lo. De repente, percebeu que um cão grande e cinza o estava seguindo. O cão era tão enorme que João pensou que ele pudesse ser um lobo. Ele falou com o cachorro que, imediatamente, se aproximou e caminhou ao seu lado. O cão era dócil, e João decidiu chamá-lo de Grigio, que significa "cinza" em italiano. O animal acompanhou João por todo o caminho até sua casa e, depois, partiu.

Alguns dias depois, quando João estava caminhando por outra parte perigosa da cidade, Grigio misteriosamente apareceu e permaneceu ao lado de João até ele retornar para casa. Isso se tornou recorrente. Sempre que João estava caminhando sozinho pelas comunidades, Grigio aparecia e permanecia com ele até ele chegar a sua residência com segurança.

Em uma ocasião, um homem disparou dois tiros em João. Os tiros não o acertaram, e o atirador tentou lutar com João no chão. Grigio apareceu e afugentou o homem. Em outra situação, dois homens colocaram um saco na cabeça do sacerdote. Enquanto eles discutiam o que fariam em seguida, João ouviu Grigio rosnando para os homens, afugentando-os. Pouco tempo depois, João foi emboscado e cercado por diversos homens armados com grandes bastões. Novamente, Grigio chegou e afugentou os homens.

Grigio ocasionalmente passava o tempo na casa de João e se divertia brincando com os garotos mais jovens que viviam lá. Quando necessário, ele impedia que João saísse de casa ao se deitar na frente do portão e bloquear a saída. Na primeira vez em que isso aconteceu, um vizinho apareceu logo depois para contar a João que um grupo de homens perigosos estava esperando por ele.

Grigio permaneceu com João por mais de 30 anos, enquanto este continuava seu trabalho. João fundou sua primeira escola em 1845, e a sociedade que ele estabeleceu foi aprovada pelo Papa Pio

IX em 1879. Essa sociedade ainda existe atualmente e é chamada de Salesianos de São João Bosco.

A citação mais conhecida de São João Bosco é: "Ao ser tentado, invoque o seu anjo. Ele está mais disposto a ajudá-lo do que você está disposto a ser ajudado! Ignore o diabo e não tenha medo dele: ele treme e foge ao avistar o seu anjo da guarda" (BRUNO, 2019, parte 4).

Existe uma nota final intrigante sobre essa história. Em 1959, o Papa João XXIII recebeu a urna e os restos mortais de São João Bosco em Roma para serem venerados. Na viagem de volta para Turim, os Salesianos fizeram uma parada em La Spezia para esperar a urna, que estava sendo transportada em uma van. Enquanto esperavam, um cão grande e cinza, muito parecido com um lobo, juntou-se a eles. Um dos irmãos usou um bastão para afastar o cachorro. No entanto, o animal voltou e se aproximou de outro irmão que gostava de cães. Esse homem lhe fez carinho e lhe deu atenção. A van finalmente chegou, e o cão acompanhou a urna, até mesmo seguindo-a dentro de uma igreja, onde ele se deitou debaixo da urna e se recusou a sair.

Os irmãos começaram a brincar dizendo que o cão deveria ser Grigio e o deixaram permanecer lá durante a exibição. O cão rosnava quando uma pessoa não associada à celebração oficial se aproximava da urna, mas ficava feliz quando os irmãos permitiam que os bebês a tocassem.

Quando a exibição terminou, o cão brincou com os irmãos mais jovens e com um grupo de estudantes. Ele foi ao almoço com os irmãos, mas se sentou em um canto e se recusou a comer. Após o almoço, ele desapareceu e foi encontrado dentro da igreja, guardando a urna. Isso não deveria ter acontecido, pois a igreja tinha sido trancada.

O cão seguiu a urna de volta para a van e, quando ela partiu, ele a seguiu por um tempo e, então, desapareceu. Você pode encontrar as fotografias desse cão na internet: https://dogs-in-history.blogspot.com/2018/04/grigio-father-boscos-guardian-angel.html.

Os anjos da guarda podem nos guiar até pessoas que são capazes nos ajudar. Muitas pessoas devem o seu sucesso a um encontro casual com alguém que mudou o curso de suas vidas para melhor. O meu pai ia se tornar carpinteiro e seguir os passos do pai dele. Quando ele tinha

12 anos de idade, seus pais receberam um hóspede por alguns meses. Esse homem disse a meu pai que, com sua inteligência e suas qualidades humanitárias, ele deveria se tornar médico. Meu pai acabou se tornando cirurgião e conseguiu desempenhar o papel que nasceu para realizar. Os nossos anjos da guarda permitem que esses encontros aparentemente casuais ocorram.

Os anjos guardiões protegem e ajudam as almas no momento da morte. Na tradição católica, os anjos da guarda visitam seus protegidos e cuidam deles, se eles forem enviados para o purgatório. Quando essas almas são purificadas de todos os seus pecados, seus anjos da guarda as acompanham até o céu. Maria, Rainha dos Anjos, decide quando as almas estão prontas. Outras tradições acreditam que os anjos da guarda continuam a cuidar das almas de seus protegidos após eles morrerem. Muitas pessoas creem que são cuidadas pelo mesmo anjo da guarda em todas as suas encarnações, e não apenas na vida atual.

Os anjos da guarda podem se fazer reconhecer por seus protegidos, até mesmo se estes não tiverem demonstrado um interesse prévio a respeito deles. Isso normalmente acontece quando a pessoa precisa de ajuda de algum tipo, mas pode não estar ciente desse fato. Um exemplo bem documentado sobre isso ocorreu quando um anjo da guarda disse a uma mulher, conhecida como AB nas anotações de seu médico, para buscar ajuda médica para uma doença.

AB

Em 1984, uma mulher de 40 anos de idade, que vivia com sua família em Londres, estava em casa lendo, quando ela ouviu uma voz dentro de sua cabeça. A voz começou dizendo: "Por favor, não tenha medo", e, então, lhe falou que, como um amigo, queria ajudá-la. A voz lhe ofereceu três informações que ela desconhecia e disse-lhe para verificá-las. A mulher investigou e confirmou que as informações eram verdadeiras. No entanto, temeu ter ficado louca, pois nunca tinha escutado vozes em sua cabeça antes. Ela foi se consultar com seu médico, que a indicou para o Dr. I. O. Azuonye, um especialista em psiquiatria.

O Dr. Azuonye diagnosticou uma psicose alucinatória, e prescreveu terapia e medicação. Após duas semanas, a voz em sua cabeça parou e ela viajou de férias para o exterior, a fim de celebrar o retorno de sua sanidade. Enquanto estava fora, a voz retornou, dizendo-lhe para voltar para casa imediatamente, pois ela precisava de um tratamento urgente para uma doença. Quando ela retornou para a casa dela em Londres, a voz lhe deu um endereço para visitar. Principalmente para tranquilizá-la, o marido dela a levou de carro até lá, e ambos descobriram que o endereço era do departamento de tomografia computadorizada de um grande hospital. Então, a voz disse a ela para entrar e pedir para realizar um exame cerebral, porque a mulher tinha um tumor no cérebro e seu tronco cerebral estava inflamado.

O Dr. Azuonye solicitou um exame cerebral apenas para tranquilizar a mulher, que estava extremamente aflita, pois as vozes tinham oferecido a ela informações corretas no passado; ela estava convencida de que tinha um tumor. A solicitação foi negada, pois um exame tão caro não podia ser justificado; a mulher, que o Dr. Azuonye chamou de AB em suas anotações, não apresentava sintomas. Apesar de ser criticado por seus colegas, o Dr. Azuonye persistiu e AB finalmente realizou um exame cerebral, seguido de outro um mês depois. O exame indicou um tumor cerebral, que foi removido com sucesso.

Quando AB recuperou a consciência depois da cirurgia, as vozes disseram: "Estamos felizes por tê-la ajudado. Adeus". AB se recuperou completamente e telefonou para o Dr. Azuonye 12 anos depois para lhe desejar Feliz Natal e lhe informar de que ela manteve uma saúde excelente desde a cirurgia.

Em um artigo que o Dr. Azuonye escreveu para o *British Medical Journal*, ele confirmou que esse foi o único exemplo com o qual se deparou em que vozes alucinatórias expressaram interesse pelo bem-estar de uma pessoa, deram um diagnóstico específico, recomendaram um determinado hospital especializado no tipo de tratamento necessário e, então, disseram adeus após um resultado bem-sucedido ter sido alcançado (https://www.ncbi.nlm.nih.gov/pmc/articles/PMC2128009/pdf/9448541.pdf).

Não existe uma explicação lógica para a experiência de AB. Contudo, pode muito bem ter sido o caso de o anjo da guarda de AB ter intervindo e a ajudado em um momento em que ela precisava.

Infelizmente, poucas pessoas estão cientes daquilo que seus anjos da guarda estão fazendo por elas. Santo Inácio de Loyola (1491-1556), o fundador da Ordem dos Jesuítas (Companhia de Jesus), dizia que as pessoas tinham de evoluir espiritualmente antes de conseguir sentir e vivenciar a energia leve e sutil, porém persistente, de seus anjos.

São Boaventura (1221-1274), teólogo e autor prolífico italiano, era chamado de "Doutor Devoto" e de "Doutor Seráfico". Ele foi um personagem extremamente influente na história da espiritualidade ocidental. Em *Commentaria* (https://franciscan-archive.org/bonaventura/sent.html), ele listou 12 trabalhos de caridade que os anjos da guarda realizam para seus protegidos, bem como citações da Bíblia e dos Apócrifos que lhe permitiram criar sua lista:

1. Sempre que necessário, os anjos da guarda nos repreendem por nossas falhas (Juízes 2:1-2).

2. Os anjos da guarda nos libertam dos laços de nossos pecados (Atos 12:7).

3. Os anjos da guarda removem tudo o que impede o nosso progresso em levar uma boa vida (Êxodo 12:12).

4. Os anjos da guarda limitam quaisquer demônios que possam estar nos afligindo (Tobias 12:3).

5. Os anjos da guarda constantemente tentam nos ensinar aquilo que precisamos saber (Daniel 9:22).

6. Os anjos da guarda revelam segredos de que precisamos saber (Gênesis 18:17).

7. Os anjos da guarda oferecem consolo (Tobias 5:13).

8. Os anjos da guarda nos confortam em nosso caminho para o outro lado (1 Reis 19:7).

9. Os anjos da guarda nos conduzem de volta a Deus (Tobias 5:15).

10. Os anjos da guarda derrotam os nossos inimigos (Isaías 37:36).

11. Os anjos da guarda abrandam as nossas tentações (Gênesis 32:24).

12. Os anjos da guarda rezam por nós e levam as nossas preces a Deus (Tobias 12:12).

Resumindo, o seu anjo da guarda se esforça para protegê-lo, guiá-lo e mantê-lo em segurança. Seu anjo guardião é o seu companheiro, consolador, mestre, mentor e amigo.

Por que o Seu Anjo da Guarda Nem Sempre Oferece Ajuda?

Se os nossos anjos da guarda sempre estão prontos para nos ajudar, por que eles não intervêm imediatamente e oferecem auxílio e proteção durante momentos de perigo ou dificuldade? Essa é uma pergunta sobre a qual as pessoas pensam e debatem há milhares de anos, e não existe uma resposta definitiva. A seguir, são apresentados alguns motivos que podem explicar por que isso acontece.

Carma

O carma é uma filosofia que tem origem há, no mínimo, 3 mil anos e que aparece em textos antigos hindus conhecidos como *Upanishads*. O carma é a lei de causa e efeito que diz que, por fim, nós colhemos aquilo que plantamos. Isso não tem relação com destino, pois todo mundo tem livre-arbítrio e, consequentemente, cria seu próprio destino. O carma é criado por pensamentos, palavras, ações e intenções das pessoas. Os indivíduos que realizam boas ações, enfim, serão recompensados por elas. Da mesma forma, as pessoas que cometem más ações terão de pagar o preço para equilibrar as contas.

Os anjos da guarda não conseguem impedir que seus protegidos cumpram seu carma conforme avançam ao longo da vida. No entanto, eles podem ajudar a alma a ir para direções que permitirão lidar com os efeitos cármicos de maneiras criativas e construtivas, em vez de formas que possam ser nocivas e destrutivas.

Testes

Outro motivo de os anjos da guarda nem sempre intervirem pode ser porque a pessoa está sendo testada e se espera que ela possa emergir da experiência como alguém mais forte, mais sábio e mais capaz.

Nós estamos todos vivendo em nossa encarnação presente para aprender tudo o que precisamos para crescer e evoluir em conhecimento e sabedoria. Se tudo o que necessitássemos fazer fosse pedir ajuda ao nosso anjo da guarda, sabendo que isso sempre seria concedido, não seríamos obrigados a assumir as chances ou os riscos, os quais são essenciais para aprender as lições de vida de que precisamos.

Evidentemente, todos nós tomamos decisões estúpidas e tolas o tempo todo. O fato de os seres humanos possuírem livre-arbítrio pode ser frustrante para os anjos da guarda, que têm de ver seus protegidos fazendo coisas que prejudicam seu crescimento e seu desenvolvimento espiritual.

Manter-se no Caminho

O anjo da guarda de uma pessoa pode ficar preocupado com que ela esteja se afastando do caminho que deveria estar seguindo nesta encarnação. Nesse caso, o anjo da guarda pode esperar até a pessoa cometer algum erro, e a perda ou o fracasso, com sorte, a incentivará a pensar sobre a situação e retornar para o caminho certo.

O Maior Problema do Seu Anjo da Guarda

O maior problema enfrentado pelos anjos da guarda é que seus protegidos muitas vezes não estão cientes de sua presença e de seu desejo de ajudar, incentivar e cuidar. Todo mundo possui um anjo guardião, mas é possível que as pessoas precisem acreditar em anjos da guarda antes de que alguma comunicação possa ocorrer. Em uma de suas conversas da juventude com seu anjo da guarda, John C. Lilly perguntou: "Você sempre vai cuidar de mim?". O anjo respondeu: "Sim, enquanto você acreditar em mim. Você sempre vai acreditar em mim?" (LILLY, 1988, p. 38).

Dr. John C. Lilly

O Dr. John C. Lilly (1915-2001), um renomado médico, neurocientista, biólogo, filósofo e escritor norte-americano, escreveu em sua autobiografia que ele viu seu anjo da guarda pela primeira vez quando tinha apenas 3 anos de idade. Ele estava prestes a punir seu cão, Jamey, por tê-lo mordido quando estava quase caindo de um muro e em um barranco, quando um "ser" apareceu. Ele o viu como um ser radiante, que o deixou repleto de sentimentos de amor e segurança. O anjo disse-lhe para não punir o cão, pois ele o havia enviado para salvá-lo (LILLY, 1988, p. 38).

Enquanto estava assistindo a uma missa, aos 7 anos de idade, ele sentiu a igreja ao redor dele desaparecer, revelando Deus cercado de coros angélicos. John foi erguido por dois anjos, permitindo que a luz divina o envolvesse.

John contraiu tuberculose aos 10 anos de idade. Enquanto estava em um estado febril, um ser veio até o garoto e perguntou se gostaria de partir com ele. John respondeu que queria continuar brincando com seus amigos e de, por fim, crescer. O ser ficou feliz com essa resposta e disse a John que um dia ele teria de partir em sua companhia. John perguntou ao ser se este permaneceria com ele ou se iria embora.

O ser respondeu: "Eu sempre estarei com você, enquanto você acreditar que conseguirá se encontrar comigo" (LILLY, 1988, p. 39).

Essas e outras experiências da infância envolvendo o que John chamou de seus "santos anjos da guarda" permaneceram com ele pelo resto de sua vida.

Felizmente, os anjos da guarda necessitam apenas de um pequeno reconhecimento para intervir e transformar a vida das pessoas de que eles estão cuidando. O seu anjo da guarda só pode ajudá-lo se você estiver disposto a aceitar a ajuda dele.

Capítulo 3

Conheça o Seu Anjo da Guarda

O seu anjo da guarda quer estar perto de você. Durante o curso da sua existência, ele terá enviado muitos sinais que talvez você tenha falhado em reconhecer. Isso não é incomum; muitas pessoas vivem a vida toda sem nem mesmo perceber os sinais que os anjos da guarda delas enviaram. Os anjos muitas vezes aparecem quando as pessoas estão passando por momentos estressantes e difíceis na vida. Você certamente já teve a sua cota de experiências traumáticas, mas estava tão imerso em seus problemas que falhou em perceber o seu anjo.

Conheci meu anjo da guarda aos vinte e poucos anos. A minha esposa estava grávida quando o meu negócio fracassou, e tivemos de vender a nossa casa e o nosso carro. Por um período, trabalhei em três empregos para pagar as dívidas. Durante o dia, trabalhava em um armazém e tinha muito tempo para pensar sobre a situação em que estávamos. Demorei bastante para perceber que muito do nosso infortúnio foi por culpa minha. Se eu tivesse tomado decisões diferentes, o resultado teria sido diferente, e eu ainda estaria gerenciando o meu próprio negócio, em vez de estar realizando trabalho braçal para outras pessoas. Quando aceitei isso, também percebi que escolhi ignorar o conselho que estava recebendo constantemente, vindo de uma voz calma e tranquila dentro da minha cabeça. Essa voz estava com frequência me dando bons conselhos, mas eu não tinha dado atenção a ela. Naquele momento, não tinha a menor ideia de onde vinha aquela voz e, se eu tivesse prestado atenção a ela, provavelmente a teria chamado de minha consciência ou mente interior. Demorou um bom tempo para eu perceber que era o meu anjo da guarda.

Você pode invocar os anjos sempre que desejar. No entanto, também existem momentos em que o seu anjo da guarda está mais propenso a entrar em contato com você. Se você está feliz e tudo está indo bem na sua vida, os anjos provavelmente o deixarão em paz. No entanto, eles são mais propensos a tentar entrar em contato:

1. Se você começar a demonstrar um interesse por assuntos espirituais, e desenvolver um entendimento mais profundo sobre si mesmo e o universo.

2. Se você começar a realizar aquilo ao qual foi designado ao ser colocado aqui. O seu anjo da guarda ficará muito contente quando você descobrir o seu propósito nesta encarnação.

3. Se você passou por uma experiência traumática e, finalmente, está pronto para começar a se curar.

4. Se você se sentir vulnerável e perdido, e precisar se lembrar de que está aqui por alguma razão.

5. Se você escolheu o caminho errado na vida e está pronto para seguir o caminho para o qual está destinado.

6. Se você se tornou cético em relação à vida e precisa de um leve empurrão para retornar ao caminho.

Seu anjo da guarda permitirá que você tenha conhecimento da presença dele de muitas maneiras diferentes. Você pode descobrir o seu anjo da mesma forma que eu descobri o meu – tornar-se ciente de uma voz dentro da sua cabeça. Pode, por exemplo, sentir um aroma delicioso, perceber uma esfera ou uma luz brilhante desconhecida, encontrar uma pequena moeda ou uma pena, principalmente uma pena branca, ver números recorrentes, sentir uma mudança brusca de temperatura, ver borboletas por perto ou ter uma sensação de formigamento na pele ou na parte de cima da sua cabeça, na região do seu chacra coronário. Pode notar que o animal de estimação da sua família está olhando fixamente para algo que você não consegue ver. De modo semelhante, um bebê pode sorrir para algo fora do alcance da sua visão. Como o seu anjo da guarda o conhece melhor do que qualquer outra pessoa, ele pode usar algo que possui um significado especial ou pessoal para você.

Como Sentir o Seu Anjo da Guarda

Muitas pessoas esperam que seus anjos da guarda apareçam diante delas portando vestes flutuantes, exibindo grandes asas e segurando uma harpa. Isso pode acontecer ocasionalmente, mas é pouco provável. Se tiver a sorte de alguma vez ver um anjo, as chances são de ele aparecer como uma pessoa comum, e pode ser que você só perceba quem ele é muito mais tarde. A maioria das pessoas que se comunicam com anjos os sentem de várias maneiras, mas poucas conseguem vê-los realmente. O único momento em que alguém vê um anjo é quando o assunto é importante ou urgente e o Divino considera isso necessário. No entanto, apesar de a maioria das pessoas nunca conseguir ver um anjo, todo mundo pode aprender a entrar em contato com seu anjo da guarda.

A seguir, são apresentadas 19 maneiras eficazes que podem ser utilizadas para você entrar em contato com seu anjo guardião.

Uma Sensação de Saber

Você pode, gradativamente, ter uma sensação de saber que está seguro e protegido, e perceber que o seu anjo da guarda está constantemente por perto.

Ao longo dos anos, muitas pessoas me disseram como inicialmente se tornaram cientes de que seus anjos estavam constantemente com elas. Um homem que eu conheci sentiu isso quando ele foi enviado para uma prisão juvenil. Ele ficou aterrorizado e chorou até dormir em sua primeira noite nesse local. Acordou no meio da noite, sabendo repentinamente que estava seguro e protegido e que tudo daria certo no fim. Voltou a dormir e saiu de sua cela na manhã seguinte sentindo-se nervoso, mas confiante de que sobreviveria à experiência.

"Eu ouvi falar sobre todas as coisas horríveis que acontecem nesses lugares", ele me disse, "mas eu não passei por nada disso. Os outros rapazes me deixaram em paz. Acho que talvez eles tenham sentido que eu estava sendo ajudado. Essa experiência no pior dia da minha vida deu uma reviravolta nela". Atualmente, ele trabalha como conselheiro e palestrante motivacional.

Uma ótima maneira de ter essa sensação de saber é se sentar silenciosamente em uma cadeira confortável, fechar os olhos e relaxar. Comece inspirando profundamente pelo nariz, segure a respiração por alguns segundos e, então, expire pela boca. Repita isso por mais duas vezes e, depois, esqueça-se da sua respiração. Concentre-se em seus dedos dos pés e permita que eles relaxem. Em seguida, relaxe os pés e permita que o relaxamento percorra os seus músculos das panturrilhas e das coxas, subindo para o abdômen, o peito, os ombros, os braços, as mãos, o pescoço e a cabeça.

Quando você se sentir completamente relaxado, concentre-se em sua respiração novamente, e aproveite as sensações prazerosas de relaxamento e paz que está sentindo. Sua mente se dispersará de vez em quando. Isso é natural. Sempre que você se tornar ciente disso, afaste esse pensamento e concentre-se em sua respiração de novo.

Enquanto estiver fazendo isso, você pode sentir a presença do seu anjo da guarda, e notar que está seguro e protegido. Isso pode acontecer na primeira vez em que você tentar realizar este exercício, porém é mais provável que ocorra após diversas sessões. Quando fizer contato dessa forma, conseguirá utilizar isso para se comunicar com o seu anjo sempre que desejar.

Crie Seu Próprio Espaço Sagrado

Independentemente de onde more, você pode criar seu próprio espaço sagrado, no qual pode se comunicar com o seu anjo da guarda. Se possível, encontre algum lugar onde você possa se comunicar com o seu anjo da guarda sem ser interrompido ou incomodado por outras pessoas. O seu espaço sagrado pode ser em um local fechado ou ao ar livre. Você pode ter um local específico dentro da sua casa que possa ser usado somente para esse propósito. No entanto, se você for como a maioria das pessoas, pode ter de usar uma estante, uma mesa pequena ou um canto de uma mesa para servir como seu altar. Peça para o seu anjo da guarda ajudá-lo a selecionar um lugar adequado e escolha o que deseja colocar sobre ele. Você pode começar com um lindo pano e colocar em cima dele o que considerar espiritual ou o que faz você pensar sobre os reinos angélicos. Pode decorar o seu altar com alguns cristais, uma ou duas velas, flores, pequenos ornamentos e com qualquer outra coisa que tenha um valor espiritual para si.

Ao criar um espaço sagrado especial, você pode fazer o que quiser dentro dele. Pode conversar com o seu anjo da guarda, rezar, meditar ou escrever em um diário espiritual. Pode querer fazer algo físico, ou dançar ou cantar diante dele. Essas ações ajudam a infundir a área com o seu amor e a sua essência espiritual.

Use o seu espaço sagrado constantemente. Durante as suas orações ou meditações, converse com o seu anjo da guarda. Você pode fazer isso em silêncio ou em voz alta. Com o passar do tempo, esse lugar especial se tornará cada vez mais espiritualizado. Em alguns casos, essa espiritualidade até mesmo se tornará aparente para as outras pessoas que não tiverem ideia de que você esteja utilizando o lugar para se comunicar com o seu anjo da guarda. Comunique-se com seu anjo da guarda sempre que estiver nesse espaço sublime e permaneça atento para uma resposta.

Você pode ter a sorte de ver seu anjo da guarda quando estiver no seu espaço sagrado. Uma ótima maneira de incentivar isso é fechar os olhos e imaginar o seu anjo da guarda na sua mente. Seu anjo aparecerá na sua imaginação no aspecto e no formato que você esperar. Converse silenciosamente com a sua figura imaginária, dizendo-lhe que adoraria ver o seu anjo guardião. Pratique isso de modo constante e (provavelmente quando você menos esperar) poderá conhecer o seu anjo da guarda.

Visite seu altar todos os dias para manter a energia espiritual viva. Substitua as flores constantemente. Acenda uma vela, queime um pouco de incenso, toque um pouco de música e use o tempo que você passa diante do altar para aprofundar a sua relação com o seu anjo da guarda.

Invocação de Proteção Angélica

A palavra "invocação" é derivada do latim *advoco*, que significa "chamar". Uma invocação geralmente é realizada para chamar uma divindade, um anjo ou um poder espiritual.

Com este ritual, você poderá ser envolvido por uma proteção angélica sempre que precisar. Eu habitualmente realizo este ritual antes de quaisquer outras atividades que envolvam os reinos angélicos. Se necessário, você também pode realizar uma versão resumida dele, ao visualizar os quatro arcanjos principais o envolvendo com proteção sempre que se encontrar em uma situação difícil.

Você pode fazer a invocação em qualquer lugar que desejar. Eu gosto de realizá-la ao ar livre, mas algumas vezes as condições climáticas e o desejo de ter privacidade me forçam a praticá-la em um lugar fechado. Tenha certeza de que você não será incomodado por pelo menos meia hora.

O espaço que você utilizará precisa ter pelo menos 0,7 m^2, pois você construirá um círculo mágico que terá aproximadamente 1,8 metro a 2,4 metros em diâmetro. Quando realizo esta invocação em um lugar fechado, uso um tapete circular para indicar o círculo. Quando trabalho ao ar livre, muitas vezes demarco o círculo com uma corda ou um cordão ou, ocasionalmente, com pedras. Em vez de criar um círculo físico, às vezes visualizo o círculo no qual estou trabalhando. (Se o ritual que você realizará dentro do círculo for longo ou requerer itens, como velas, entre outros, coloque uma mesa e uma cadeira com encosto reto no meio do círculo. Você deve estar virado para o leste quando se sentar na cadeira.)

Se você tiver tempo, desfrute de um banho sem pressa antes da invocação, e vista roupas limpas e largas. Isso tem o efeito de separar a invocação da sua vida cotidiana normal. O banho também lhe proporciona tempo para pensar sobre a invocação enquanto você está relaxando na água quente.

Você construiu o círculo, banhou-se e vestiu roupas limpas. Agora, está pronto para iniciar a invocação.

Fique fora do círculo e sorria, pois você está prestes a invocar os quatro grandes arcanjos: Rafael, Miguel, Gabriel e Uriel. Respire profundamente e entre no círculo enquanto expira. Mova-se para o centro e fique de frente para o leste.

Feche os olhos e visualize o Arcanjo Rafael diante de você. Não faz diferença a forma como você "veja" o Arcanjo Rafael. Você pode visualizá-lo como um anjo grande e poderoso com asas enormes. Pode vê-lo como um viajante com um cajado, uma cuia e um peixe grande. Pode enxergá-lo como uma esfera colorida girando ou talvez sentir a presença dele na sua mente. Qualquer imagem ou impressão que vier à sua mente será a correta para você. Quando sentir que Rafael está diante de si, comece a conversar. Eu prefiro falar em voz alta, mas você pode preferir conversar com ele na sua mente, principalmente se houver pessoas no ambiente ao lado. O que você diz depende inteiramente de si mesmo. Você pode dizer algo como: "Obrigado, Arcanjo Rafael, pelo seu apoio e pela sua proteção. Sou grato por você estar aqui por mim e por sua orientação e cura. Obrigado".

Com os olhos ainda fechados, vire-se a 90 graus e fique de frente para o sul. Visualize o Arcanjo Miguel na sua mente. Eu visualizo Miguel como um homem alto vestindo uma cota de malha, empunhando uma espada em uma mão e com um pé apoiado em um dragão. Ele segura uma balança em sua mão livre. Essa é uma composição de muitas pinturas que vi do Arcanjo Miguel ao longo dos anos. Sua imagem de Miguel pode ser completamente diferente. Tudo o que vir será correto para você. Quando sentir a presença de Miguel, converse com ele. Você pode dizer: "Obrigado, Arcanjo Miguel, pelo seu apoio e pela sua proteção. Obrigado por me dar coragem e força quando eu mais preciso disso. Sou muito grato por tudo o que você faz para me ajudar. Obrigado".

Vire-se a 90 graus novamente e fique de frente para o oeste. Visualize o Arcanjo Gabriel o mais nitidamente que conseguir. Eu "vejo" Gabriel como um homem alto, usando vestes verdes e azuis.

Ele segura um lírio em uma das mãos para simbolizar a pureza da Virgem Maria. Carrega uma trombeta na outra mão e a utilizará para despertar os mortos no Dia do Juízo Final. Novamente, essa é uma composição de diferentes imagens que vi do Arcanjo Gabriel ao longo dos anos; sua imagem de Gabriel pode ser completamente diferente da minha. Converse com Gabriel quando sentir a presença dele. Você pode dizer: "Obrigado, Arcanjo Gabriel, por sua gentileza e devoção. Obrigado por ser mensageiro de Deus e por toda a sua ajuda e o seu apoio. Sou muito grato. Obrigado".

Vire-se para ficar de frente para o norte. Dessa vez, visualize o Arcanjo Uriel diante de si. Eu vejo Uriel como um homem com aparência poderosa, com cabelos escuros e cacheados e barba marrom. Ele carrega um pergaminho em uma das mãos. Na palma da outra mão, há uma chama ardente. A maioria das pinturas de Uriel mostra essa chama, pois ele é conhecido como a "chama de Deus". Evidentemente, sua imagem de Uriel pode ser bem diferente da minha. Mais uma vez, quando você sentir a presença dele, diga algo como: "Obrigado, Arcanjo Uriel, por toda a sua ajuda e o seu apoio. Obrigado por me conceder ideias e percepções novas. Obrigado por me forçar a fazer mudanças quando eu estou relutante em realizá-las sozinho. Obrigado".

Vire-se para ficar de frente para o Arcanjo Rafael novamente. Agora, você está totalmente cercado e protegido pelos quatro grandes arcanjos. Dentro desse círculo de proteção, pode conduzir quaisquer rituais que desejar, sabendo que está protegido e seguro e é amado. Nesse ponto, você pode abrir os olhos, dependendo do que fará durante o ritual. Após ter obtido experiência nesta invocação, você será capaz de realizar tudo isso com os olhos abertos e "ver" os grandes arcanjos tão nitidamente quanto os enxergou com os olhos fechados.

Quando o ritual que você estiver realizando tiver terminado, fique de frente para o Arcanjo Rafael novamente e agradeça a ele por seu amor, por sua ajuda e por sua proteção. Diga adeus e o visualize sumindo de vista. Repita isso com os arcanjos Miguel, Gabriel e Uriel.

Quando essa invocação tiver terminado, você pode sair do círculo. Assim que for possível, coma e beba algo para ajudá-lo a ficar totalmente enraizado de novo. Eu como nozes e uvas-passas, e bebo água. Na sequência, posso beber algo alcoólico, mas isso depende do momento do dia em que realizo o ritual e do que pretendo fazer em seguida.

Essa invocação lhe concede proteção enquanto você está realizando um trabalho espiritual. Você também pode utilizá-la sempre que precisar de proteção. Caso tenha um ou dois minutos para se preparar, pode visualizar-se cercado pelos quatro grandes arcanjos, sendo envolvido por amor e proteção. Caso tenha apenas alguns instantes, você deve dizer: "Rafael, Miguel, Gabriel e Uriel, por favor, protejam-me". Por fim, se necessitar de ajuda e proteção com urgência, invoque o Arcanjo Miguel, o anjo guerreiro de Deus. Diga: "Miguel! Eu preciso da sua ajuda agora!". Precisei fazer isso em três ocasiões, e o Arcanjo Miguel estava lá instantaneamente todas as vezes para me oferecer ajuda.

Sonhos

Todos nós sonhamos – as pessoas que dizem que não sonham simplesmente não conseguem se lembrar dos sonhos. Os sonhos nos ajudam a avaliar e resolver o que está acontecendo na nossa vida, para que possamos agir de forma eficaz quando estamos acordados. É comum sentir o seu anjo da guarda em seus sonhos, principalmente se você disser a si mesmo, quando estiver deitado na cama, esperando para dormir, que sonhará com o seu anjo da guarda e se lembrará do sonho ao acordar. Repita isso quantas vezes for necessário, até você se recordar de um sonho com o seu anjo. Percebo que ajuda se eu tiver uma pergunta específica que eu queira fazer. Uso perguntas com quem, o que, onde, quando, por que e como, e as repito de três a cinco vezes antes de adormecer. Se você não tiver uma pergunta, diga ao seu anjo da guarda que precisa de orientação para auxiliá-lo a se manter no caminho, a fim de cumprir o propósito da sua alma.

Tenha paciência. Você pode não receber ou não se lembrar de nada quando fizer isso pela primeira vez. No entanto, continue praticando e, por fim, começará a se lembrar dos seus sonhos. Além disso, é possível não receber uma resposta completa em um único sonho.

Tenha certeza de que, com o passar do tempo, aprenderá tudo aquilo de que necessita saber.

Você não consegue fazer isso quando é despertado por um alarme ou por um som alto inesperado, mas existe uma ótima maneira de se lembrar dos seus sonhos quando você desperta naturalmente. Se despertar com uma memória de parte de um sonho, deite-se o mais quieto que conseguir e veja se consegue se recordar do sonho todo. Mude de posição ou levante-se *somente* depois de ter recuperado o máximo de informações que puder.

Mantenha caneta e papel, ou algum dispositivo para registro, ao lado da cama, a fim de que possa escrever tudo o que lembrar antes de o sonho se dissipar. Algumas vezes você pode não se recordar dos seus sonhos, mas terá uma resposta para a sua pergunta. Você deve sempre registrar os sonhos, para ter certeza de que não se esquecerá deles, e é uma boa ideia manter um diário de sonhos, para gradativamente criar um registro importante de tudo aquilo em que a sua mente subconsciente está trabalhando.

Sonhos repetitivos, muitas vezes, são um sinal de comunicação angélica. Se você não tiver certeza do significado do sonho, peça ao seu anjo da guarda para lhe transmitir um sonho que esclareça isso a você.

Pensamentos e Sentimentos

Todo mundo tem pensamentos e sentimentos o dia todo, todos os dias; porém, de vez em quando, nós instintivamente sabemos que um pensamento ou sentimento específico veio de outra fonte, e não de nossa mente subconsciente. Muitas pessoas criativas vivenciam isso com frequência. Eu acredito que pensamentos e sentimentos desse tipo vêm de nossos anjos da guarda.

Normalmente, tenho esses pensamentos como se alguém estivesse sussurrando perto do meu ouvido. Um grande amigo meu ouve esses pensamentos como se ele estivesse conversando em silêncio consigo mesmo dentro da cabeça dele. Outro amigo tem uma sensação de calor em seu corpo, e usa essas sensações e mensagens para receber ajuda em seus negócios. Ele me disse: "Essas mensagens me dizem que estou no caminho certo. Se sigo o sentimento, tomo a decisão correta. Se eu o ignoro, sempre me arrependo depois".

O termo técnico para experiências desse tipo é clariaudiência, que significa "escuta clara". Esse termo descreve a habilidade de receber impressões psíquicas de sons e vozes que não são escutados pelas outras pessoas. Joana d'Arc (c. 1412-1431) é um bom exemplo de uma pessoa que utilizou a clariaudiência. Ela começou a ouvir vozes aos 13 anos de idade e usou essa habilidade para se comunicar com Santa Margarida, Santa Catarina e o Arcanjo Miguel. Georg Friedrich Händel (1685-1759) acreditava que anjos o ajudaram a compor o coro "Aleluia", em *O Messias*.

Pensamentos e intuições são a "voz mansa e delicada" que falou com Elias no Monte Sinai (1 Reis 19:12). Como a voz é calma e suave, ela é facilmente ignorada.

Clarissenciência significa "sentimento claro", e é a habilidade de sentir a presença do seu anjo da guarda. Isso significa que você é sensível ao que acontece ao seu redor. A maioria das pessoas que se comunicam frequentemente com seus anjos da guarda desenvolve essa habilidade. Se você é empático e bom em captar os estados emocionais de outras pessoas, já possui essa qualidade.

Intuição

Todos nós temos, de vez em quando, pressentimentos, que costumam estar intimamente relacionados aos nossos pensamentos e sentimentos. Uma citação atribuída com frequência a Albert Einstein diz: "A única coisa realmente valiosa é a intuição". A intuição é uma sensação de saber sem usar o pensamento. Um lampejo intuitivo, ou percepção, ultrapassa o cérebro lógico e nos concede a resposta instantaneamente. Os parapsicólogos chamam esse fenômeno de claricognição, isto é, "conhecimento claro". Ele descreve a habilidade de conhecer algo (em geral sobre o futuro) sem saber como ou por que se tem esse conhecimento.

Pesquisadores demonstraram que podemos receber esses pressentimentos e agir de acordo com eles, sem necessariamente estarmos cientes deles de modo consciente. O parapsicólogo William E. Cox conduziu um experimento usando passageiros que viajavam em determinados trens. Ele queria comparar o número de passageiros em trens que se envolveram em acidentes com o número de pessoas em trens que chegaram com segurança aos seus destinos. Ele utilizou o número de passageiros que viajaram em uma rota específica 7, 14, 21 e 28 dias antes de o mesmo trem se envolver em um acidente. Apesar de fazerem isso sem saber, muitos passageiros, de alguma forma, conseguiram evitar os trens relacionados a acidentes. Eles podem ter dormido até mais tarde, ter decidido tirar um dia de folga do trabalho ou ter simplesmente perdido o trem. Em 11 acidentes de trem, sete trens levavam menos passageiros do que no dia anterior. Seis trens levavam menos passageiros do que na semana anterior e quatro trens transportavam menos passageiros no dia do acidente do que em qualquer um dos oito dias anteriores. William E. Cox estendeu sua pesquisa para investigar 35 acidentes e descobriu resultados semelhantes em 80% dos acidentes (*Journal of the American Society for Psychical Research*, v. 50, n. 3). As probabilidades de isso ocorrer são grandes demais para serem consideradas apenas sorte. É possível que as pessoas que perderam o trem tenham sido, de algum modo, alertadas ou protegidas por seus anjos da guarda?

Eu aprendi da forma mais difícil a confiar em pressentimentos e intuições. Hoje em dia, se a lógica me diz uma coisa, mas a intuição me diz o contrário, confio na minha intuição todas as vezes.

Meditação

Ao longo dos anos, muitas pessoas me disseram que a primeira experiência que elas tiveram com seus anjos da guarda ocorreu enquanto elas estavam meditando. Isso não é uma surpresa, pois, quando estamos meditando, permanecemos em um estado relaxado e receptivo, o que cria o cenário perfeito para o nosso anjo da guarda se comunicar conosco. No entanto, essa situação não acontece com todo mundo que pratica meditação. Se você tiver interesse em anjos e desenvolver uma "consciência angélica", o seu anjo da guarda apreciará se conectar com você enquanto estiver meditando.

Uma ótima maneira de praticar a meditação é se sentar ou se deitar de forma confortável, fechar os olhos e respirar normalmente. Perceba como o seu corpo se movimenta a cada inspiração e expiração. Sempre que você perceber que a sua atenção está divagando, direcione-a novamente para a sua respiração. Você não precisa se forçar a meditar por horas; dois ou três minutos são suficientes no início, e você pode gradativamente estender as suas meditações conforme obtém experiência.

Oração

A oração é uma comunicação íntima com o Divino. Uma coisa incrível é que todo mundo pode se comunicar com o Divino dessa forma. Você pode pertencer a uma religião específica ou não pertencer a nenhuma religião. Não faz diferença se você é rico ou pobre, bom ou mau. Para o Divino, não importa em que país você vive, qual é o seu gênero, qual é a cor da sua pele ou qual escola frequentou.

Você pode expressar as suas orações da maneira que desejar. Fale com o seu coração, e não se preocupe com a gramática. Use um tom natural e palavras familiares a você. Além disso, não se preocupe com pausas prolongadas. Afinal de contas, Jesus disse: "O seu Pai sabe do que vocês necessitam, antes de o pedirem" (Mateus 6:8). Consequentemente, uma oração em silêncio pode ser tão eficaz quanto uma oração proferida.

Existe uma história hassídica encantadora sobre um homem que queria rezar, mas descobriu que deixou seu livro de orações em casa. Ele decidiu recitar o alfabeto cinco vezes e permitiu que Deus reordenasse as letras em uma oração. Deus respondeu: "De todas as orações que eu ouvi hoje, esta foi a melhor, porque ela veio de um coração simples e sincero" (DE MELLO, 1990, p. 22).

Você pode fazer as suas orações independentemente do lugar em que esteja. Você não precisa se ajoelhar ou visitar uma igreja, uma sinagoga ou uma mesquita. Você pode se sentar, ficar de pé, caminhar, se ajoelhar ou se deitar para rezar.

Uma maneira proveitosa de resolver as dificuldades em sua vida é rezar enquanto está adormecendo. Diga ao Divino o que está acontecendo na sua vida, incluindo os seus sucessos e os seus fracassos. Peça que o Divino o ajude a resolver problemas e alcançar metas e ambições. Se você ainda não estiver se comunicando frequentemente com o seu anjo da guarda, peça para ter uma conexão mais próxima com ele. Continue conversando com o Divino até adormecer. A sua alma permanece desperta enquanto você dorme e recebe informações e orientações do Divino.

Você pode entrar em contato com o seu anjo da guarda utilizando a oração. A Bíblia alerta contra a adoração de anjos (Colossenses 2:18 e Apocalipse 19:10), mas isso não é uma adoração. Tudo o que você precisa fazer é rezar como costuma fazer e, ao longo da oração, pedir para o Divino ajudá-lo a entrar em contato com seu anjo da guarda.

Quando você entrar em contato com o seu anjo da guarda, poderá pedir para ele transmitir as suas orações. Você também pode pedir para o seu anjo da guarda ajudá-lo, orientá-lo e rezar com você. Rezar com o seu anjo da guarda é um exercício reconfortante e benéfico. Jesus disse: "Porque onde estiverem dois ou três reunidos em meu nome, eu estarei ali, no meio deles" (Mateus 18:20). Se você for cristão, isso significa que, quando você e o seu anjo da guarda rezam juntos, Jesus está com vocês.

Coincidências, Sincronicidade e Serendipidade

Eu acredito que os nossos anjos da guarda são responsáveis por muitas coincidências, sincronicidades e exemplos de serendipidade que vivemos em nossas vidas. Isso lhes permite obter nossa atenção para um propósito específico. Eles podem estar oferecendo incentivo, indicando qual caminho você deve escolher ou respondendo a uma oração. Os sinais mais comuns são moedas pequenas, penas brancas, música etérea vindo de uma fonte desconhecida, aromas deliciosos, luzes brilhantes e itens eletrônicos ligando e desligando sozinhos. Qualquer coincidência estranha também pode ser um sinal. Você precisa ficar atento para perceber isso. Esteja especialmente ciente de algo que ocorra diversas vezes. Encontrar uma moeda pequena pode ser simplesmente uma questão de sorte, mas, se você encontrar uma moeda toda vez que sair para caminhar, isso provavelmente é um sinal. Alguns anos atrás, no meio do inverno, eu encontrava pequenas penas brancas todas as vezes em que saía para caminhar. Esse fato continuou acontecendo por algumas semanas, e eu considerei isso um sinal evidente de contato angélico – havia poucos pássaros ao redor, menos ainda pássaros brancos. Sempre que você vivenciar algo que possa ser considerado uma coincidência ou um exemplo de serendipidade, faça uma pausa por alguns segundos e converse silenciosamente com o seu anjo da guarda.

Você pode pedir sinais do seu anjo da guarda. Também pode pedir um sinal específico, como uma rosa vermelha ou um pequeno pedaço de ametista, ou preferir deixar o sinal por conta do seu anjo da guarda. Peça para o seu anjo escolher algo que você reconhecerá imediatamente como um sinal. Felizmente, o seu anjo continuará a lhe transmitir sinais (se necessário) até que você enfim os reconheça.

Além disso, pode ser um sinal se você encontrar com frequência a mesma pessoa, aparentemente por acaso, ou ouvir a mesma música de forma constante ao ligar o rádio.

Números Angélicos

Números repetidos são, muitas vezes, um sinal de uma presença angélica. Provavelmente, pode não significar nada se você olhar para o seu relógio exatamente às 11:11. No entanto, se isso acontecer com frequência, é provável que seja um sinal do seu anjo da guarda. Os números podem se repetir de formas diferentes. Você pode perceber um número primeiro em seu relógio e, depois, vê-lo novamente em uma placa de carro e, em seguida, passar por uma caixa de correio com o mesmo número. Você precisa estar atento, pois os números angélicos podem aparecer quando menos esperar. Você pode visitar uma pessoa e descobrir que a data de aniversário dela é o mesmo número que você vê. Pode ser a duração de um filme, o modelo de um carro, o horário que um ônibus ou um trem está previsto para chegar ou partir, recibos, etiquetas de preço ou a página à qual você chegou lendo um livro. Um número que se repete aparentemente de uma forma aleatória é denominado número angélico, e é considerado um sinal de que anjos estão tentando entrar em contato com você.

Se você passar por isso, pode meditar tanto para descobrir o que os números significam quanto para incentivar a comunicação angélica. Na numerologia, os números possuem energias vibracionais diferentes, e é por esse motivo que muita gente a utiliza para interpretar os significados dos números. Várias pessoas dizem que números repetidos, como 333 ou 7777, são considerados os números angélicos mais significativos. Eles são definitivamente importantes, pois contêm a energia concentrada de um único dígito. Contudo, quaisquer combinações de números podem ser um número angélico.

O número do seu anjo da guarda é uma combinação de três dígitos derivada do seu mês e do seu dia de nascimento. Por exemplo, se o seu aniversário for no dia 16 de fevereiro, o número do seu anjo da guarda será 216. Se o seu mês e o seu dia de nascimento criarem um número de dois dígitos, como 8 de março, você deve somar os dois números e reduzir o total a um único dígito, que se tornaria o terceiro número. No exemplo de 8 de março, 3 + 8 = 11, e 1 + 1 = 2. Nesse exemplo, o número do anjo da guarda seria 382. De forma semelhante, se o mês e o dia de nascimento criarem um número de quatro dígitos, como 17 de novembro, os dois dígitos finais são somados e reduzidos a um único dígito. Consequentemente, o número do anjo da guarda das pessoas nascidas em 17 de novembro seria 118.

Os números dos anjos da guarda podem ocorrer de forma aleatória, o que quer dizer que ver o número do seu anjo da guarda uma ou duas vezes provavelmente não significa nada. No entanto, se vir esse número três ou mais vezes em um curto período, pode ser uma mensagem de que o seu anjo da guarda quer se comunicar com você.

Cartas

Escrever uma carta para o seu anjo da guarda é uma forma muito eficaz de entrar em contato com ele. Sente-se em algum lugar silencioso, onde você sabe que não será incomodado, e escreva uma carta cordial para o seu anjo da guarda. Escreva-a como se fosse para um grande amigo, o que, com certeza, é exatamente o que você está fazendo. Você pode começar assim: "Querido Anjo da Guarda", e, então, escrever tudo o que gostaria de dizer. Obviamente, é melhor ter um propósito em mente conforme escreve, mas a sua carta pode ser curta ou longa, conforme desejar. Se você nunca se comunicou com o seu anjo antes, pode escrever e pedir para ter uma conexão mais próxima. Se vocês já estiverem em contato um com o outro, peça para o seu anjo da guarda qualquer coisa de que precisar. Isso pode incluir pedir ajuda para pessoas que você conhece. Conte para seu anjo o que está acontecendo na sua vida. Inclua informações sobre a sua família e os seus amigos, as suas esperanças e os seus sonhos, o que está ocorrendo no trabalho e as bênçãos na sua vida. Evidentemente, você deve contar para seu anjo da guarda aquilo que o estiver preocupando ou incomodando, além de pedir ajuda ou conselho sobre como lidar com isso. Também deve dizer ao seu anjo que deseja desenvolver uma conexão mais próxima com ele. Você pode contar ao seu anjo guardião absolutamente qualquer coisa, pois ele já sabe tudo a seu respeito, e não o amará menos se você revelar os seus segredos mais profundos e sombrios. Termine a carta expressando o seu amor e a sua gratidão ao seu anjo da guarda e assine com o seu nome.

O ato de escrever o força a esclarecer tudo na sua mente. Como resultado, você será capaz de transformar algumas das suas palavras em metas que possa alcançar. Você pode escrever algo simples, como:

Querido Anjo da Guarda,
Eu agradeço por me proteger e me guiar. Sinto muito por nem sempre ter prestado atenção em você, mas agora quero conhecê-lo melhor. Por favor, entre em contato, a fim de que possamos nos tornar mais próximos. Obrigado.
Com amor, (seu nome)

Conheço pessoas que escrevem frequentemente cartas extensas para seus anjos da guarda, contando a eles tudo o que está acontecendo em suas vidas. Como ninguém além de você e de seu anjo lerá as cartas, elas podem ser tão pessoais quanto você desejar.

Após escrever a sua carta, agradeça ao seu anjo da guarda por cuidar de você. Expresse o seu amor e assine com o seu nome. Coloque a carta dentro de um envelope e escreva nele: "Para o Meu Anjo da Guarda". Se você tiver sorte, poderá entrar em contato com o seu anjo da guarda enquanto estiver escrevendo a carta. Se isso acontecer, pode parar de escrever e começar a falar tudo o que estiver em sua mente. Se isso não ocorrer, você precisará "enviar" a carta para o seu anjo da guarda.

Faça uma pequena cerimônia para enviar a sua carta. Sente-se diante de uma vela acesa com o envelope em suas mãos posicionadas em forma de concha. Pense em tudo o que o seu anjo da guarda faz por você e agradeça. Depois que disser tudo o que deseja, queime o envelope na chama da vela e observe a fumaça levar a sua mensagem para o seu anjo da guarda. Recolha as cinzas e espalhe-as ao ar livre.

Fique atento em relação a quaisquer sinais ou outras indicações de que o seu anjo da guarda recebeu a sua carta. Você pode notar que as suas preocupações foram resolvidas, possivelmente de uma forma que não esperava. Sempre se lembre de agradecer ao seu anjo da guarda toda vez que receber uma resposta de qualquer tipo.

Evidentemente, você precisa ter cuidado ao fazer qualquer coisa utilizando velas. Eu gosto de colocar as minhas velas em bandejas de metal e sempre mantenho água disponível como precaução no caso de um acidente.

Um método alternativo é colocar a carta dentro de um envelope e, então, deixá-la de lado por pelo menos três dias. Ao abrir o envelope e ler a carta, você a lerá com outros olhos. Algumas das questões que você levantou podem já ter sido resolvidas pelo seu anjo da guarda. Algo que parecia importante quando escreveu a carta pode não parecer mais ser significante, e você conseguirá tirar isso da sua mente. Também pode descobrir assuntos nos quais precisa se concentrar. Eles podem vir das palavras que você escreveu ou de pensamentos que aparecerão em sua mente conforme ler a carta.

Às vezes, realizo um ritual para abrir a carta e lê-la um ou dois dias após tê-la escrito.

1. Sente-se a uma mesa e coloque uma vela nela. Acenda a vela e ponha o envelope diante dela. Coloque um cristal em cima da carta. (Você pode usar qualquer cristal que desejar. No próximo capítulo, há algumas sugestões sobre quais cristais utilizar.)

2. Feche os olhos e visualize a luz da vela se expandindo até envolvê-lo completamente. Quando sentir isso, peça para o seu anjo da guarda se juntar a você. Ao sentir a presença do seu anjo, abra o envelope, retire a carta e leia-a em voz alta. Após fazer isso, insira a carta novamente dentro do envelope e coloque-a sobre a mesa. Ponha o cristal em cima dela de novo.

3. Sente-se em silêncio, com os olhos fechados, e espere a resposta do seu anjo da guarda para a sua carta. Você pode não receber uma resposta específica, mas, em vez disso, perceber uma sensação de que tudo dará certo e de que a situação será resolvida. Você pode receber uma carta em sua mente. Se isso acontecer, visualize-se abrindo o envelope, retirando a carta e lendo-a. Você pode receber uma resposta por meio de clariaudiência ou não obter uma resposta imediatamente. Quando isso ocorrer, sente-se em silêncio por alguns minutos. Se não tiver recebido uma resposta até então, entenda que a resposta não virá imediatamente e que é necessário ter paciência.

4. Quando você se sentir pronto, agradeça ao seu anjo da guarda, conte de um a cinco lentamente e abra os olhos. Apague a vela e prossiga com o seu dia.

5. O último passo é carregar o cristal com você. Pense no seu anjo da guarda e no seu pedido sempre que vir o cristal ou tocá-lo. Se você não receber uma resposta em três dias, escreva outra carta para o seu anjo guardião e realize o ritual novamente.

Caixa do Anjo da Guarda

Muitos anos atrás, uma grande amiga minha fez uma caixa do anjo da guarda. Sua caixa de papelão tem uma tampa e, originalmente, continha um par de sapatos que a minha amiga comprou. Ela decorou a caixa com cores vivas e acrescentou figuras de anjos em todos os seis lados do objeto. Sempre que algo a entristece ou a incomoda, ela escreve uma breve nota sobre o problema para o anjo da guarda dela e pede ajuda. Então, dobra a nota em um pequeno pacote e o coloca na caixa. Na primeira vez em que ela fez isso, descobriu que conseguiu se livrar da preocupação no instante em que o pacote foi deixado na caixa, algo que continuou a acontecer desde então. Quando a vida está indo muito bem para ela, a caixa pode ficar vazia por um tempo. Em outros momentos, quando existem problemas e dificuldade em sua vida, ela pode chegar a ter algumas dezenas de pequenos pacotes na caixa. Em uma semana comum, ela costuma ter quatro ou cinco pacotes.

Uma vez por semana, geralmente nas noites de domingo, ela realiza um pequeno ritual em que segura a caixa e conversa com seu anjo da guarda, agradecendo por todo o esforço que o anjo faz por ela. Também agradece a seu anjo guardião por cuidar de suas preocupações. Quando ela termina a conversa, sai ao ar livre, joga os pacotes em um recipiente de metal e coloca fogo neles. Ela não abre nenhum dos pacotes, pois sabe que seu anjo da guarda cuidou de seus problemas.

Diário Angélico

Um diário angélico oferece um registro de todas as suas comunicações com o seu anjo da guarda. Com o passar do tempo, isso se tornará cada vez valioso, pois você poderá fazer uma retrospectiva e observar como está progredindo. Você pode escrever tudo o que desejar em seu diário. Eu gosto de começar registrando a data, o horário e onde estou enquanto escrevo. Escrever em seu diário é semelhante a redigir uma carta ao seu anjo, mas não é a mesma coisa, pois você provavelmente não registrará notícias sobre a sua casa e a sua vida familiar. Após conversar com o seu anjo, escreva, o mais rápido possível, tudo o que puder se lembrar sobre a conversa. Depois de fazer isso, escreva os seus sentimentos em relação ao encontro e como se sentiu quando a conversa terminou.

Escrita Automática

A escrita automática é o processo de escrever sem usar a mente consciente. A comunicação vem por meio de você, e não de si mesmo. Você escreve da maneira habitual, usando caneta e papel, mas a caneta é direcionada por algum poder distinto da sua mente consciente. Muitos livros foram redigidos usando a escrita automática. William Butler Yeats, Sir Arthur Conan Doyle, Alfred Lord Tennyson, Harriet Beecher Stowe e Gertrude Stein são todos exemplos de autores renomados que testaram a escrita automática.

Todo mundo pode aprender a realizar a escrita automática, mas é preciso praticar para se tornar proficiente nisso. A maioria das pessoas começa desenhando formas aleatórias e, apenas gradativamente, começa a escrever palavras e frases.

Comece sentando-se de modo confortável, com uma caneta na mão com a qual você escreve repousada e descontraidamente em uma folha de papel. O seu punho não deve estar em contato com o papel, e o braço com o qual você escreve deve estar flexionado em um ângulo reto no cotovelo. Relaxe o máximo que puder e espere para ver o que acontece. Você pode fechar os olhos se desejar, mas isso não é essencial. Idealmente, você deve se sentir relaxado, contemplativo e receptivo. Muitas pessoas descobrem que obtêm melhores resultados se o ambiente estiver um pouco escuro e se elas estiverem se sentindo cansadas.

Após um momento, a mão que segura a caneta começará a se movimentar. Você deve ignorar essa sensação, pois começou a escrever de maneira inconsciente – a fluidez será interrompida assim que você prestar atenção conscientemente a isso. A parte mais difícil da escrita automática é se desprender da mente consciente e permitir acesso livre à mente inconsciente. Espere a caneta parar de se mexer antes de ver o que você produziu.

Não se preocupe com o que você produzirá quando testar a escrita automática pela primeira vez. Qualquer movimento da caneta é bom; quanto mais você praticar, melhor se tornará nisso. Quando obtiver experiência, descobrirá que a velocidade da escrita que produz é surpreendente e que pode escrever por horas a fio sem se cansar. Geraldine Cummins (1890-1969), romancista e médium espiritual irlandesa, chegou a produzir 2 mil palavras por hora com a escrita automática (FODOR, 1933, p. 20).

Se você achar difícil começar, tente segurar a caneta na sua mão não dominante. Algumas pessoas recebem resultados melhores quando realizam a escrita automática usando a mão oposta àquela com a qual escrevem. Você pode achar proveitoso ter uma distração de algum tipo, como uma música de meditação ou um programa de televisão desinteressante. Leva tempo para se tornar proficiente na escrita automática, mas vale a pena perseverar, pois os resultados podem ser surpreendentes. As pessoas têm criado poemas, peças, romances, desenhos, pinturas e música usando a escrita automática.

Quando você tiver obtido experiência na escrita automática, peça para o seu anjo da guarda lhe enviar uma mensagem usando essa técnica. Determine a sua intenção para a sessão. A sua intenção pode ser estabelecer uma comunicação com o seu anjo da guarda. Você pode querer fazer uma pergunta ou precisar de ajuda de algum tipo. Não importa qual seja a sua intenção, desde que você saiba por qual motivo está realizando a sessão de escrita automática.

Você também pode querer se cercar de proteção. Pode fazer isso pedindo para os quatro grandes arcanjos – Rafael, Miguel, Gabriel e Uriel – o envolverem com uma barreira de proteção. (Essa é a Invocação de Proteção Angélica, que foi apresentada anteriormente neste capítulo.)

Sente-se, tendo em mãos caneta e papel, e faça uma oração, relaxe e espere a mensagem surgir. Você ficará surpreso com as informações e as percepções que o seu anjo da guarda pode lhe oferecer usando a escrita automática. Essas mensagens também oferecem um registro permanente das informações que você pode consultar sempre que for necessário.

Quando a sessão terminar, agradeça ao seu anjo da guarda por ir ao seu auxílio. Se você se cercou de proteção, agradeça também a Rafael, Miguel, Gabriel e Uriel.

Passe alguns minutos pensando sobre a experiência que você acabou de ter. Após isso, coma, por exemplo, algumas nozes e uvas-passas e beba algo, para garantir que você esteja enraizado antes de prosseguir com o seu dia.

Conversa Automática

A conversa automática é semelhante à escrita automática, mas geralmente você permanece no controle no processo de escrita. Tudo o que você precisa fazer é escrever uma pergunta que gostaria que o seu anjo da guarda respondesse. O mais rapidamente possível, escreva a primeira resposta que aparecer em sua mente. Se você tiver diversas perguntas, não pense na primeira resposta até ter escrito e recebido respostas para todos os seus questionamentos.

Algumas pessoas são capazes de mudar da escrita consciente para a escrita automática em uma fração de segundo. Isso significa que elas fazem as perguntas conscientemente e, então, o anjo da guarda delas assume o controle da caneta e lhes responde. Apesar de essa habilidade ser útil, ela não é essencial. É mais comum para as pessoas fazerem uma pergunta e, em seguida, escreverem a primeira resposta que aparecer na mente. Essa resposta será a correta, pois ela foi colocada na mente delas pelos seus anjos da guarda.

Uma pequena variação disso permite que você receba uma resposta detalhada para um questionamento que tenha. Escreva a sua pergunta no início de uma folha de papel. Permita-se entrar em um estado meditativo em silêncio. Faça uma oração e, então, converse com o seu anjo da guarda. Explique o problema que você tem e por qual motivo precisa de uma resposta. Segure a caneta da mesma forma que você faz na escrita automática e espere que ela se mova. Quando a caneta parar de se mover, agradeça ao seu anjo da guarda por ajudá-lo e faça uma breve oração de agradecimento ao Divino.

Criatividade

Você pode se conectar com o seu anjo da guarda usando suas habilidades e seus talentos naturais. Sempre que você permanece totalmente imerso em algo de que, de fato, gosta, entra em um estado levemente alterado, que facilita o contato com os reinos angélicos. Nesse estado, você pode se esquecer de todo o resto – no meu caso, até de almoçar –, tornando-se totalmente absorvido pelo que está fazendo.

Meditação com Vela

Esta é uma forma incrível de entrar em contato com o reino angélico. Você pode realizar esta meditação sempre que desejar. Gosto de praticá-la à noite, sem nenhuma luz que não seja a chama de uma vela. Você pode utilizar quaisquer velas que lhe sejam atrativas. Tenho uma seleção de velas de diferentes cores e, algumas vezes, escolho uma vela por causa de sua cor. Entretanto, no geral, instintivamente recorro à vela que parecer certa para mim no momento.

A seguir, é apresentada uma breve lista de associações de cores para ajudá-lo a se decidir sobre qual vela utilizar.

- Vermelho proporciona confiança, energia e paixão.
- Laranja elimina medos, dúvidas e preocupações. Além disso, proporciona motivação.
- Amarelo estimula a mente, e ajuda a estabelecer uma comunicação transparente e honesta.
- Verde alivia o estresse, a impaciência e a raiva. Além disso, proporciona estabilidade e contentamento.
- Azul ajuda a superar o nervosismo e a indecisão.
- Anil proporciona fé e ajuda a lidar com problemas familiares.
- Violeta proporciona paz interior e nutre a alma.
- Rosa ajuda a superar dificuldades emocionais, e a dar e receber amor.
- Cinza ajuda a superar o esgotamento mental.

- Prateado proporciona confiança e autoestima.
- Dourado elimina sentimentos negativos em relação ao sucesso e à melhoria da situação financeira.

Você pode usar uma vela branca para qualquer propósito. Se não conseguir se decidir sobre uma cor de vela, utilize uma vela branca.

Coloque uma vela acesa em uma mesa, a cerca de 2 metros de onde você estiver sentado. A chama da vela deve estar aproximadamente no nível do seu terceiro olho quando você estiver sentado. Respire lenta e profundamente algumas vezes e observe a chama tremulante. Pense sobre a sua vontade de entrar em contato com o seu anjo da guarda. Após alguns minutos, você pode sentir o seu anjo ou até mesmo ter um vislumbre dele. Quando isso ocorrer, comece a conversar com o seu anjo guardião silenciosamente ou em voz alta.

Radiestesia com Pêndulo

Um pêndulo é um pequeno peso acoplado a uma corrente ou a um fio. Esse dispositivo simples tem sido usado há milhares de anos. Os egípcios antigos o utilizavam para descobrir os melhores lugares para estabelecer suas plantações, e os chineses antigos o usavam para evitar maus espíritos (COPEN, 1974, p. 20-21). A palavra "radiestesia" significa detectar algo que não pode ser descoberto de outra forma. Os radiestesistas utilizam uma variedade de ferramentas, incluindo pêndulos, para ajudá-los a descobrir petróleo, água e minerais. Além disso, eles também as utilizam para responder a perguntas, aprimorar o crescimento espiritual, eliminar energia negativa e se comunicar com anjos e guias espirituais.

Pêndulos produzidos comercialmente estão disponíveis em lojas esotéricas e na internet. No entanto, você pode facilmente produzir o seu próprio pêndulo acoplando um pequeno peso a um fio ou cordão. O peso pode ser feito de praticamente tudo – madeira, cristal, vidro, plástico e alguns metais. Geralmente uso uma chave antiga que acoplei a uma corrente. Meu pêndulo favorito foi produzido para mim por um grande amigo na Alemanha; penso nele todas as vezes em que utilizo o pêndulo. Esse pêndulo consiste em uma pequena peça esculpida em pedra verde (jade da Nova Zelândia), acoplada a um nó de cordão. Eu o uso ao redor do pescoço como um amuleto e talismã, então quase sempre tenho um pêndulo comigo quando acontece de eu precisar de um.

Também tenho diversos pêndulos especiais usados somente para trabalhar com os reinos angélicos. Eles são pêndulos de cristais, pois os anjos respondem bem a eles. O meu pêndulo favorito para a comunicação com os anjos é feito de selenita acoplada a uma corrente prateada. A selenita é em geral utilizada para proteção e para ajudar as pessoas a crescerem espiritualmente. Ela é um lindo cristal branco translúcido que parece brilhar quando polido. A celestita, principalmente a celestita azul-clara, é frequentemente usada para atrair anjos, e eu tenho diversos cristais feitos com ela. A celestita ajuda as pessoas a ouvirem mensagens de seus anjos da guarda por meio da clariaudiência, o que significa que elas recebem as mensagens como pensamentos dentro de sua cabeça. O quartzo rutilado é conhecido como "cabelo de anjo" por incluir rútilo fino, que parece fios de cabelo presos dentro do cristal. Como os quartzos amplificam a comunicação angélica, esse cristal também é popular para aprimorá-la.

Quando você tiver o seu pêndulo, sente-se diante de uma mesa com a corrente ou o cordão segurado entre o dedo polegar e o dedo indicador da sua mão dominante. Repouse o cotovelo sobre a mesa e certifique-se de que nenhuma outra parte do seu corpo a esteja tocando. As suas pernas devem permanecer descruzadas, e os seus pés devem estar apoiados no chão. A palma da mão que está segurando o pêndulo deve estar virada para baixo, e o pêndulo deve ficar suspenso a vários centímetros à sua frente.

Balance o pêndulo levemente em diferentes direções. Você pode começar balançando-o em círculos no sentido horário e no sentido anti-horário e, por fim, para frente e para trás. Fazer isso o ajuda a se familiarizar com o pêndulo e com os diferentes movimentos que ele realiza. Experimente segurar o pêndulo em diferentes pontos da corrente ou do cordão e observe qual é o melhor para você. Provavelmente descobrirá que cerca de 10 a 12 centímetros é o mais adequado. No entanto, pode preferir um comprimento mais curto ou mais longo do que isso. Ao fazer esse teste, tente realizar diferentes movimentos segurando o pêndulo em sua outra mão.

Assim que você se familiarizar com as diferentes ações que o pêndulo pode fazer, interrompa o movimento do peso com a sua mão livre. Quando o pêndulo estiver parado, pergunte a ele qual movimento indica "sim" ou uma resposta positiva. Você pode fazer isso em silêncio ou em voz alta. Se tiver sorte, o seu pêndulo começará imediatamente a se movimentar, a fim de indicar a resposta positiva. Contudo, isso é pouco provável se você nunca usou um pêndulo antes. Você pode perceber que ele se movimenta levemente ou nem mesmo se movimenta. Tenha paciência e continue pedindo para o pêndulo indicar sua resposta positiva. Se ele não der uma reposta depois de cinco minutos, pare, coloque o pêndulo de lado e tente de novo mais tarde. Pode ser frustrante quando o pêndulo ignora o seu pedido. Continue praticando por cerca de cinco minutos de cada vez.

Se você ainda não obtiver uma resposta após diversas tentativas, esqueça-se temporariamente de pedir uma resposta positiva. Em vez disso, concentre-se no peso e imagine-o se movimentando para frente e para trás ou de um lado para o outro. Quando ele começar a se movimentar, imagine o balanço se tornando mais forte e observe os movimentos aumentando. Brinque com isso por um ou dois minutos e, então, interrompa o movimento, pedindo para o pêndulo indicar sua resposta positiva. Isso funciona na maioria das vezes.

Caso ainda esteja tendo problemas, peça para alguém que consiga utilizar um pêndulo para colocar uma mão no seu ombro direito, se você estiver segurando o pêndulo na mão direita (ou no seu ombro esquerdo, se estiver usando a mão esquerda). Peça uma resposta positiva, e você descobrirá que o pêndulo vai se movimentar para indicá-la. Posto isso, eu nunca conheci ninguém que não conseguiu usar um pêndulo. Tudo o que você precisa fazer é ter paciência, deixar de lado a descrença e permitir que isso aconteça. Mantenha o seu senso de humor e divirta-se com essas sessões de prática. Um aspecto sombrio torna quase impossível o pêndulo se movimentar.

Depois que o seu pêndulo responder pela primeira vez, você nunca mais terá problemas.

Após receber a sua resposta positiva, interrompa os movimentos do peso e peça para ele mostrar seu "não" ou sua resposta negativa. Depois disso, solicite que ele indique suas respostas para "Eu não sei" e "Eu não quero responder". Essas quatro respostas provavelmente permanecerão as mesmas pelo resto da sua vida. No entanto, vale a pena verificá-las de vez em quando, principalmente se você ficar sem utilizar o seu pêndulo por um tempo, apenas no caso de os movimentos terem mudado.

O próximo passo é fazer perguntas cujas respostas você conhece para o seu pêndulo. Você pode, por exemplo, perguntar: "Eu sou casado?". O seu pêndulo deve dar uma resposta positiva se você for casado ou uma resposta negativa se for solteiro. Você pode fazer perguntas semelhantes sobre gênero, idade, profissão, número de filhos e hobbies. Pode preferir fazer perguntas neutras, como: "Estamos no mês de julho?", "Está chovendo lá fora?" ou "Este tapete é azul?".

Quando estiver recebendo respostas corretas de seu pêndulo de forma consistente, pode começar a fazer perguntas cujas respostas desconhece. Uma ótima maneira de realizar isso é fazendo perguntas sobre alguém que está no mesmo ambiente em que você. Isso significa que você pode verificar as respostas do pêndulo imediatamente. Pode perguntar: "(Nome da pessoa) gosta de brócolis?", "(Nome da pessoa) fala mais de um idioma?" ou "(Nome da pessoa) gosta de dançar?". Faça esse teste com diversas pessoas. Você descobrirá que a maioria delas ficará fascinada com o seu pêndulo e feliz em participar.

Agora, você pode fazer perguntas a respeito de tudo, desde que consiga verificar as respostas depois. Se praticar isso com frequência, a sua precisão com o pêndulo aumentará e, com o passar do tempo, ele lhe dará as informações corretas de forma consistente.

Quando estiver decidindo quais perguntas fazer, você precisa ter cuidado para não sobrepor os movimentos do pêndulo com a sua vontade, o que é mais suscetível de ocorrer quando você tem um investimento emocional na resposta. Um exemplo comum é quando uma mulher grávida pergunta se o pêndulo pode revelar o gênero de seu bebê ainda não nascido. Se você souber que ela deseja que seja uma menina, o pêndulo refletirá os seus sentimentos e dirá que é uma garota, mesmo se esse não for o caso. Se você tem um envolvimento emocional com uma pergunta, é melhor pedir para alguém que não tenha interesse no resultado para usar o pêndulo por você.

É importante você se acostumar com o seu pêndulo antes de utilizá-lo para se comunicar com o seu anjo da guarda. Quando alcançar esse estágio, escreva uma lista de tudo o que gostaria de discutir com o seu anjo. Reorganize essa lista em ordem de importância, pois você provavelmente descobrirá que não terá tempo para fazer todas as suas perguntas em apenas uma sessão.

1. Reserve cerca de 30 minutos ininterruptos. Você pode querer acender uma vela branca e dispor um ou dois cristais para criar a atmosfera adequada para o contato angélico.

2. Sente-se em uma cadeira confortável com encosto reto de frente para a vela. Balance o seu pêndulo no sentido anti-horário e visualize-o removendo toda a negatividade em seu corpo, coração, mente e espírito. Quando o pêndulo parar de se movimentar, balance-o no sentido horário e visualize-o atraindo positividade para cada célula do seu corpo. Quando ele parar de se mexer, feche os olhos e desfrute de alguns momentos em completo silêncio ou faça uma breve oração.

3. Quando você se sentir pronto, converse com o seu anjo da guarda. Você pode dizer: "Boa noite, Anjo da Guarda. Eu quero conhecê-lo melhor e também tenho algumas perguntas que gostaria de fazer. Você pode conversar comigo?".

4. Espere e observe qual resposta você receberá. Normalmente, seu pêndulo se movimentará em uma direção positiva, indicando-lhe que o seu anjo da guarda está disposto a ter uma conversa com você. É possível que seu pêndulo não se movimente, principalmente se esta for a primeira vez em que você estiver tentando entrar em contato com o seu anjo da guarda. Seu anjo pode estar testando-o para observar quão sincero você está em relação a estabelecer uma conexão próxima. Se

isso ocorrer, repita o processo em outro dia e continue fazendo isso até o seu anjo responder. Em raras ocasiões, o seu pêndulo pode indicar uma resposta negativa. Isso significa simplesmente que o seu anjo da guarda está ocupado realizando outra tarefa ou você pode estar irritado, ansioso ou estressado em relação a alguma coisa. Quando essa situação acontecer, tente de novo mais tarde, ou em outro dia, quando você estiver se sentindo calmo e relaxado.

5. Quando você estabelecer contato, faça a primeira pergunta para o seu anjo. Formule-a de uma forma que ela possa ser respondida por um dos quatro movimentos que o pêndulo pode fazer. Agradeça ao seu anjo da guarda por responder. Continue fazendo perguntas e recebendo respostas até o momento parecer certo para parar. Eu considero que 20 minutos sejam o ideal.

6. Agradeça ao seu anjo da guarda por passar um tempo com você e por responder às suas perguntas. Expresse o seu amor e a sua gratidão, e diga o quanto você está ansioso por sua próxima comunicação. Sorria enquanto estiver se despedindo.

7. Balance o seu pêndulo no sentido horário e transmita amor para todo o mundo, até o pêndulo parar de se movimentar.

8. Fique sentado em silêncio por um ou dois minutos, apague a vela e prossiga com o seu dia.

Você poderá se sentir animado após esse ritual e, com sorte, terá recebido as respostas para algumas perguntas importantes. Também pode usar esse ritual para descobrir o nome do seu anjo da guarda. Esse é um processo demorado, pois você precisa passar por todo alfabeto, uma letra de cada vez, perguntando para o seu anjo, a cada letra, se ela é a primeira letra do nome dele. Você deve repetir esse processo quantas vezes for preciso para descobrir o nome do seu anjo da guarda. (Existem cinco outras formas de descobrir o nome do seu anjo da guarda, que serão explicadas no próximo capítulo.)

Cartas dos Anjos

Sempre que você visita uma loja esotérica, não pode deixar de reparar na grande variedade de baralhos de anjos que estão disponíveis. Com sorte, pode ser que você encontre o meu baralho *Oracle of the Angels*, que foi publicado pela Llewellyn Publications em 2014. Não é surpresa que existam tantos baralhos disponíveis atualmente, pois eles são uma forma conveniente de se comunicar com os reinos angélicos e receber mensagens dos anjos. As cartas concedem aos anjos a oportunidade de oferecer a você cura e orientação. No processo, você também desenvolverá a sua consciência psíquica e espiritual.

Embora você possa facilmente comprar um baralho de cartas dos anjos, considerará uma experiência recompensadora fazer o seu próprio baralho. Isso coloca a sua própria energia pessoal nas cartas. O processo em si também fortalece a sua conexão com os anjos. Você não precisa ter habilidades artísticas. Pode criar um baralho de cartas usando cartões de arquivo, cartões de visita, cartões de anotação ou até mesmo pequenos pedaços retangulares de papel comum ou papel-cartão. Uma visita a uma loja de artesanato lhe fornecerá muitas ideias sobre o que utilizar. Comprei cartas de baralho em branco para o primeiro baralho que criei. Essas cartas têm o tamanho de cartas de baralho comuns, mas seus dois lados não têm nada. (Verifiquei recentemente que essas cartas são baratas e fáceis de serem encontradas na internet.)

Em cada carta, escreva uma ou mais palavras a respeito de qualquer tema sobre o qual os anjos podem ajudá-lo (eu uso lápis de cor e marcadores). Você pode usar cartas de cores diferentes, e decorá-las com adesivos de estrelas, flocos de neve e anjos. Recentemente, encontrei um kit com duas dúzias de carimbos de borracha de anjos em uma loja de um dólar e planejo utilizá-los na próxima vez em que eu criar um baralho com cartas dos anjos. Você pode cortar figuras de revistas antigas e colá-las nas cartas. Evidentemente, se possuir habilidades artísticas, pode desenhar ou pintar uma figura de um anjo em cada carta. Quando as cartas estiverem finalizadas, você pode laminá-las. Eu nunca fiz isso, mas laminar as cartas possibilitaria que elas durassem mais.

Prefiro deixar a parte de trás das minhas cartas em branco, para garantir que eu não consiga identificar as cartas viradas para baixo após tê-las embaralhado. No entanto, uma conhecida minha coloca um fundo colorido diferente em cada carta. Você também pode querer fazer isso. A única desvantagem é que ela tem de fechar os olhos quando tira uma carta.

O seu baralho pode conter quantas cartas você quiser. Você pode começar com um pequeno número de cartas e, gradativamente, adicionar cartas conforme pensar sobre os aspectos da sua vida que precisam de ajuda. As melhores palavras são aquelas sobre as quais você pode meditar ou, possivelmente, usar como parte de uma afirmação.

Como você está criando o baralho para o seu próprio uso pessoal, pode incluir qualquer coisa que se relacione a você e às suas necessidades. Por exemplo, se quiser elevar a sua autoestima, inclua cartas que estejam relacionadas a autoconfiança, resiliência, diálogo interno positivo e fé em si mesmo. Se você estiver estudando, pode acrescentar educação, práticas de estudo e concentração. O meu primeiro baralho continha 40 cartas e progressivamente cresceu para cerca de 60 cartas. Segue uma lista de palavras que você pode utilizar:

Abundância	Humor
Alegria	Inspiração
Amizade	Intuição
Amor	Justiça
Assertividade	Liberdade
Autodisciplina	Luz
Beleza	Meditação
Bênçãos	Motivação
Compaixão	Paciência
Compreensão	Paz
Comunicação	Paz interior
Confiabilidade	Percepção
Confiança	Perdão

Coragem	Poder
Crescimento	Positividade
Criatividade	Propósito
Cura	Purificação
Divertimento	Receptividade
Energia	Relacionamento
Entusiasmo	Rendição
Equilíbrio	Responsabilidade
Esperança	Romance
Espontaneidade	Sabedoria
Fé	Segurança
Força	Sucesso
Generosidade	Ternura
Gentileza	Transformação
Gratidão	Treino
Harmonia	Verdade
Honestidade	Vitalidade

    A maneira mais fácil de você utilizar as cartas é misturá-las viradas para baixo, enquanto pede para o seu anjo da guarda ajudá-lo a escolher a carta que será mais útil para si durante as 24 horas seguintes. Quando terminar de misturar as cartas, tire uma carta de qualquer lugar do seu baralho virado para baixo e coloque-a em algum lugar onde você possa vê-la diversas vezes ao dia. Você pode querer carregar a carta em sua bolsa ou em sua carteira. Toda vez que olhar para a carta, se lembrará do seu anjo da guarda e da qualidade ou atributo que o seu anjo sugere que você tenha como foco no dia.

    Pelo menos uma vez durante o dia, sente-se segurando a carta e pergunte ao seu anjo da guarda por qual motivo essa carta específica foi escolhida para você. Você pode querer acender uma vela ou dispor alguns cristais antes de fazer isso. Eu uso selenita e celestita, pois ambas se relacionam bem com os anjos.

Sinta-se de modo confortável. Se você estiver sozinho, converse em voz alta com o seu anjo da guarda. Se houver outras pessoas a uma distância que seja possível escutar, pode preferir conversar em silêncio. Você pode querer fechar os olhos para reduzir todas as distrações possíveis. Converse de uma forma calma e natural, e faça pausas de vez em quando para observar se o seu anjo da guarda responde. É mais provável que você receba as respostas como pensamentos em sua mente. Você pode ouvir a voz do seu anjo dentro da sua cabeça. Pode não ouvir nada, mas ter uma sensação de saber que seu anjo da guarda está com você. Se você nunca fez nada parecido com isso antes, pode parecer que não está sentindo nada – não fique preocupado se esse for o caso, pois poderá sentir o resultado com o passar do tempo, à medida que continuar a realizar essa breve meditação com frequência. Uma amiga minha disse que não se incomodou quando levou algumas semanas para ela iniciar um diálogo com o anjo da guarda dela. "É como fazer amizade", ela me falou. "Algumas vezes isso acontece imediatamente, mas, com outras pessoas, pode levar algum tempo."

Antes de terminar a sessão, pergunte para o seu anjo da guarda se você deve manter a mesma carta por mais 24 horas ou se deve tirar outra carta.

Quando você tiver terminado, expresse o seu amor e o seu agradecimento ao seu anjo e, então, prossiga com o seu dia. Pode ser proveitoso escrever todas as percepções que você descobriu durante essas sessões. Eu também registro a data, o horário, o local, como estava me sentindo e qualquer outra coisa que pareça relevante. Com o passar do tempo, essas anotações oferecerão um importante registro das suas experiências angélicas.

Você também pode usar suas cartas dos anjos para fazer leituras para si mesmo e para outras pessoas. Misture as cartas até se sentir orientado a parar. Distribua as três primeiras cartas do baralho virado para baixo em uma fileira à sua frente. A carta da esquerda se relaciona ao passado, a carta do meio diz respeito ao presente e a carta da direita, ao futuro.

Vire a carta da esquerda e olhe para ela. Observe o que vem à sua mente. Confie em sua intuição, pois ela provavelmente está correta. Perceba como essa carta se relaciona a assuntos que ocorreram no passado. Vire a carta do meio e observe o que ela lhe diz sobre o presente. Por fim, vire a carta da direita e obtenha impressões sobre o seu futuro.

Originalmente, eu mantinha as minhas cartas dentro da caixa na qual as cartas em branco vieram. No entanto, como o número de cartas aumentou, precisei descobrir novas formas de protegê-las. No momento, mantenho as minhas cartas envoltas em um lenço de seda de cor violeta, dentro de uma pequena bolsa confeccionada para guardar cartas de tarô, encontrada em uma loja esotérica que tinha uma vasta seleção de pequenas bolsas de diferentes cores.

É Possível Ver o Seu Anjo da Guarda?

Ao longo da história, certas pessoas foram capazes de ver anjos. Isso costumava ser uma ocorrência extremamente rara, porém, nos últimos 40 anos, tem acontecido um enorme aumento nos números de relatos sobre avistamentos de anjos. Pode ser porque os anjos se tornaram mais visíveis do que costumavam ser ou porque mais pessoas estão buscando a espiritualidade. Independentemente do motivo, diversas possibilidades precisam ser consideradas quando uma pessoa alega ter visto um anjo:

1. A pessoa realmente viu, ou sentiu, um anjo.

2. A pessoa pode ter se enganado de forma não intencional. Isso é comum em casos nos quais alguém recebeu ajuda de um estranho que imediatamente desapareceu após ter ajudado. O estranho pode ter ido embora silenciosamente, deixando a pessoa que foi auxiliada pensando que foi ajudada por um anjo.

3. A pessoa pode ter alucinado. Isso é difícil de quantificar, pois, ao longo da história, muitas visões famosas ocorreram enquanto pessoas estavam alucinando. No entanto, se a pessoa

estiver instável, ou sob a influência de uma substância que afeta a mente, a possibilidade é que ela esteja apenas construindo a experiência em sua mente.

4. A pessoa pode ter uma falsa memória de uma experiência angélica. Isso significa que a pessoa tem uma memória em sua mente que ela pensa ser real quando, na verdade, não é. Uma conhecida minha acreditou ter visto um anjo em uma feira quando ela tinha 12 anos de idade. Ao longo dos anos, ela contou a muitas pessoas sobre sua experiência angélica. Mais de 30 anos depois, uma pessoa que era sua amiga e estava com ela na feira lhe contou que, na realidade, o "anjo" era um homem usando vestes brancas que estava aguardando para subir ao palco. A minha conhecida não estava inventando a experiência. Em sua mente, ela de fato pensava que tinha visto um anjo.

5. A pessoa pode ter tido uma experiência espiritual de algum tipo, mas a exagerou e incluiu anjos nela.

6. Também é possível que a pessoa esteja mentindo. As pessoas mentem por todos os tipos de razões, e mentir sobre uma visita angélica pode ocorrer para impressionar os outros ou para fazê-los pensar que a pessoa mentirosa é espiritualmente mais evoluída do que realmente é.

Por esse motivo, você precisa ter cuidado em relação a acreditar de olhos fechados em histórias sobre anjos.

Apesar disso, existem muitos relatos documentados de pessoas que conseguiam ver anjos com frequência. Um desses relatos mais famosos foi o de Padre Pio, que começou a ver anjos quando ainda era bem pequeno e, aos 5 anos de idade, decidiu devotar sua vida a Deus. Ele entrou no noviciado dos Frades Capuchinhos em 1903 e foi ordenado padre em 1910. Recebeu seus estigmas, as feridas abertas que Jesus recebeu na cruz, nesse mesmo ano. Isso causou nele um grave constrangimento, e ele rezou para que os estigmas desaparecessem. Como isso não aconteceu, começou a usar luvas em suas mãos e meias em seus pés. Padre Pio é uma das cerca de 300 pessoas que receberam estigmas desde que São Francisco de Assis recebeu os seus em 1224.

Padre Pio teve uma conexão próxima com seu anjo da guarda durante toda a sua vida. Ele começou a ver seu anjo e a conversar com ele aos 5 anos de idade. Chamava seu anjo da guarda de Angelino, ou "anjinho", como um termo carinhoso, em vez de utilizar o nome do anjo. Na biografia sobre Padre Pio, o Padre Alessio Parente escreveu: "A orientação espiritual das almas por Padre Pio era feita, em grande parte, por meio da ajuda e do direcionamento de seu Anjo da Guarda" (PARENTE, 1984, p. 113).

Em diversas ocasiões, o anjo da guarda de Padre Pio o protegeu quando ele foi atacado por demônios. Durante um desses ataques, seu anjo da guarda demorou mais tempo para chegar do que Padre Pio esperava, e este gritou irritado com o anjo. Seu anjo respondeu que estava sempre perto dele e que seu amor continuaria mesmo após a morte de Padre Pio. Em uma carta que ele escreveu para seu conselheiro espiritual a respeito disso, Padre Pio disse que seu anjo guardião era muito bom e que ele precisava ser mais grato com ele (Epistolário I. San Giovanni Rotondo, 1987. Carta 102, p. 311-312).

Padre Pio conseguia ver os anjos da guarda de outras pessoas e as incentivava a enviá-los até ele sempre que estivessem passando por dificuldades em suas vidas. Em uma ocasião, Padre Pio reclamou a seus companheiros sacerdotes que ele não tinha dormido na noite anterior, pois havia recebido um fluxo constante de anjos da guarda das pessoas, todos buscando ajuda para seus protegidos.

Em certa ocasião, um ônibus lotado de peregrinos que estavam a caminho para visitar Padre Pio foi forçado a parar por causa de uma tempestade repentina nos Montes Apeninos. Os peregrinos se lembraram do que Padre Pio havia lhes dito e rezaram para o anjo dele. Quando eles finalmente chegaram a San Giovanni Rotondo, onde Padre Pio vivia, o sacerdote os cumprimentou dizendo: "Bem, meus filhos, na noite passada vocês me acordaram e eu tive de rezar para vocês". O anjo da guarda de Padre Pio recebeu as orações dos peregrinos e as encaminhou para ele (HUBER, 1983, p. 68).

O inglês Cecil Humphrey-Smith envolveu-se em um grave acidente de carro na Itália. Enquanto ele estava no hospital, um de seus parentes foi ao posto de telégrafo enviar uma mensagem para Padre Pio, pedindo que ele rezasse para Cecil. Após preencher o telegrama, o parente de Cecil pagou para que ele fosse enviado e, imediatamente, recebeu um telegrama de Padre Pio endereçado a Cecil Humphrey-Smith, dizendo-lhe que estava rezando por sua recuperação.

Os estigmas de Padre Pio desapareceram em 23 de setembro de 1968, no dia em que ele morreu. Cerca de 100 mil pessoas compareceram a seu funeral. Em 16 de junho de 2002, diante de 500 mil pessoas, o Papa João Paulo II canonizou Padre Pio, o que significa que atualmente ele é São Padre Pio. Ao longo de sua vida, Padre Pio fazia uma oração diária para seu anjo da guarda:

Anjo de Deus,
Meu guardião,
A quem a bondade
Do Pai Celestial me confia,
Ilumine-me, proteja-me e guie-me
Agora e para sempre,
Amém.

Outro exemplo é o de Lorna Byrne, mentora espiritual, autora e filantropa irlandesa, que vê anjos desde que era bem pequena. Ela originalmente via os anjos da guarda como figuras jovens semelhantes aos seres humanos, que permaneciam a cerca de três passos atrás de seus protegidos e que, às vezes, os envolviam completamente com amor incondicional. Eles prestavam pouca atenção aos anjos da guarda das outras pessoas, tendo totalmente como foco a pessoa de quem estavam cuidando. Lorna nunca viu uma pessoa que não tivesse um anjo da guarda. Conforme ela cresceu, começou gradativamente a parar de ver os anjos da guarda das pessoas em uma forma humana; atualmente, ela os vê como raios de luz semelhantes a pilares, que se abrem e revelam o anjo da guarda dentro, sempre que ele tem algo a dizer. Lorna contou suas experiências com os anjos em uma série de livros *best-sellers* que a tornaram famosa ao redor do mundo (veja a bibliografia para uma seleção de títulos).

Padre Pio e Lorna Byrne são dois exemplos do que é possível. É excepcionalmente raro alguém ver um anjo e, mais ainda, ver muitos anjos com frequência. A maioria das pessoas com as quais conversei que já viram anjos os viu na forma de sonhos, visões e visualizações criativas. Todas elas viram seus anjos da guarda, algumas conseguiram ver um grande coro angélico e poucas relataram terem visto o Arcanjo Miguel ou o Arcanjo Rafael.

Você pode conseguir ver o seu anjo da guarda nos seus sonhos se disser a si mesmo antes de adormecer: "Hoje eu vou ver o meu anjo da guarda em meus sonhos e, quando acordar, vou me lembrar de tudo o que aconteceu". Se fizer isso com frequência, pode ter a sorte de ver o seu anjo guardião.

Uma amiga minha praticou isso por diversas semanas sem ter sucesso e, então, viu seu anjo da guarda inesperadamente enquanto estava andando por um parque no caminho para o comércio local. Ela atribuiu o atraso à sensação de expectativa que criou ao pedir que seu anjo da guarda aparecesse em seus sonhos.

Muitas pessoas veem seus anjos da guarda enquanto estão realizando uma visualização criativa. A grande crítica a essa técnica é que você pode criar uma imagem do seu anjo da guarda na sua mente, em vez de ver o seu anjo guardião de verdade. Essa crítica é válida, mas você pode confirmar que esteja conversando com o seu anjo da guarda fazendo ao menos uma pergunta e ouvindo a resposta com atenção.

Pense sobre as perguntas que você pretende fazer antes de realizar a visualização. Formule-as da maneira mais clara e específica possível. Conte ao seu anjo da guarda alguns de seus sonhos e esperanças, e peça orientação angélica sobre o que você deve fazer em relação a eles.

Tente não ter quaisquer ideias preconcebidas sobre qual será a aparência do seu anjo da guarda. Você sabe que os anjos podem aparecer em quaisquer aspectos e formas que eles escolherem, e o seu anjo pode surpreendê-lo aparecendo em uma forma que você não esperava.

Reserve cerca de 30 minutos nos quais você sabe que não será interrompido. Use roupas largas e assegure-se de que o ambiente esteja agradavelmente quente.

1. Sente-se em uma cadeira confortável, feche os olhos e respire lenta e profundamente diversas vezes, segurando cada inspiração por alguns instantes, antes de expirar lentamente. Permita-se livrar-se de todos os estresses e as tensões do dia, e relaxar mais e mais a cada expiração.

2. Quando você se sentir completamente relaxado, visualize um lugar bonito na sua mente. Pode ser algum local que você já visitou no passado ou uma cena criada na sua mente – não importa a aparência dele, desde que você se sinta em paz, seguro e feliz nesse lugar agradável. Torne a cena o mais detalhada possível, acrescentando sons, aromas e movimento, como nuvens fofas e uma brisa leve. Se você desejar, também pode incluir pessoas.

3. Sorria enquanto caminha dentro da cena que você criou. Perceba o quão feliz, contente e animado você está, pois sente que está prestes a conhecer o seu anjo da guarda.

4. Faça uma pausa por alguns instantes e, então, vire-se em um círculo completo, percebendo quão linda a cena é de todos os ângulos. Ao fazer isso, um lampejo de movimento atrai o seu olhar. Você se vira de novo e vê o seu anjo da guarda.

5. Você fica comovido por um instante, mas rapidamente recupera a compostura e diz para o seu anjo da guarda: "Obrigado por tornar-se visível para mim". Quando terminar o cumprimento, chegou o momento de fazer as suas perguntas. Você pode não receber uma resposta na primeira vez em que fizer isso. Se receber, poderá ouvir o seu anjo responder ao seu questionamento. Você pode receber a resposta como um pensamento na sua mente, como um lampejo de intuição ou

até mesmo como uma sensação repentina de conhecimento. A parte mais importante da sua visualização é entrar em contato com o seu anjo da guarda e vê-lo. Consequentemente, não importa se você não receber uma resposta para alguma de suas perguntas ou para todas elas. Você terá muito tempo para fazê-las de novo no futuro.
6. Ofereça o seu agradecimento novamente, e mencione quão surpreso você está em entrar em contato com o seu anjo da guarda e vê-lo. Diga o quanto está ansioso em ver o seu anjo guardião no futuro e finalize com uma despedida sincera.
7. Vire-se em um círculo completo mais uma vez. Perceba que o seu anjo da guarda não está mais visível e que a linda cena está desaparecendo lentamente. Permaneça sentado de modo confortável por alguns minutos, a fim de pensar sobre a experiência que você acabou de ter.
8. Quando você se sentir pronto, conte silenciosamente de um a cinco e abra os olhos

Entrar em contato com o seu anjo da guarda pela primeira vez é a parte mais difícil do processo. Quando você estabelecer uma comunicação e estiver se comunicando com o seu anjo especial, poderá começar a trabalhar com ele. Veremos isso no próximo capítulo.

Capítulo 4

Trabalhe com o Seu Anjo da Guarda

Neste capítulo, você aprenderá como descobrir o nome do seu anjo da guarda, como o seu anjo da guarda pode curá-lo de forma física, emocional e espiritual, como pode ajudar no crescimento espiritual, a se libertar da bagagem emocional, dissolver crenças limitantes, obter autoestima e, até mesmo, como curar um coração partido.

Como Descobrir o Nome do Seu Anjo da Guarda

Nos primeiros anos do Cristianismo, estudiosos presumiram que os anjos trabalhavam da mesma forma como ocorre em qualquer grande organização, com um líder no topo da pirâmide e as pessoas menos importantes na base. Eles denominaram essa estrutura organizacional hierarquia dos anjos. Ninguém sabe se é assim que o reino angélico atua, mas parece que anjos individuais prestam muita atenção a isso, pois eles estão eternamente concentrados nas tarefas que precisam realizar. Eles não possuem muito interesse sobre em qual grupo específico foram colocados. Pelo mesmo motivo, os anjos não se interessam especificamente por nomes, um conceito puramente humano. O seu anjo da guarda está preocupado somente com *você* e com o seu progresso nesta encarnação. Por consequência, o seu anjo lhe responderá independentemente do nome que você utilizar para ele. Na verdade, a resposta terá a mesma rapidez se você simplesmente chamá-lo de "anjo da guarda" ou "meu anjo".

Uma das perguntas mais comuns que as pessoas me fazem quando escutam sobre meu interesse pelos anjos é: "Você pode me dizer o nome do meu anjo da guarda?". Por causa do nosso desejo humano natural de saber o nome das pessoas com as quais interagimos, não é surpresa que me façam esse questionamento com tanta frequência – afinal de contas, os nossos anjos da guarda são os nossos amigos mais próximos. É natural querer saber o nome deles ou como podem ser chamados.

Felizmente, o seu anjo da guarda fica contente em lhe oferecer essa informação. Tudo o que você precisa fazer é perguntar. O nome pode aparecer para você em um sonho ou como um pensamento na sua mente. Você pode perguntar o nome do seu anjo guardião enquanto estiver praticando escrita automática ou radiestesia com um pêndulo. Se o nome não aparecer para você ao utilizar algum desses métodos, existem outras maneiras de descobri-lo. Se você já estabeleceu uma conexão próxima com o seu anjo da guarda, pode perguntar o nome antes ou depois de abordar outros assuntos. Se ainda não chegou a esse estágio, seguem cinco métodos, testados ao longo do tempo, que o ajudarão. A princípio, leia todos os métodos e, depois, decida qual deles mais lhe agrada.

Meditação do Anjo da Guarda

Você pode realizar esta meditação sempre que desejar, mas à noite geralmente é um ótimo período, porque é calmo, e permite que você desfrute de cerca de 30 minutos ininterruptos para relaxar e se comunicar com o seu anjo da guarda. Praticar esta meditação à noite também tem mais uma vantagem. Diversas vezes durante o dia, você pode dizer a si mesmo: "Esta noite eu vou descobrir o nome do meu anjo da guarda". Isso cria uma expectativa positiva dentro de si de que você desfrutará de uma conversa com o seu anjo da guarda e descobrirá o nome dele.

O lugar onde você medita deve ser confortável e quente. Use roupas largas e certifique-se de que o local onde se sentará tenha uma cadeira com encosto reto. Você pode decorar o seu ambiente se desejar. Pode, por exemplo, querer acender uma vela ou criar um círculo de pedras ou cristais ao seu redor. Pode utilizar um difusor de óleos essenciais para perfumar o ambiente.

1. Comece realizando a Invocação de Proteção Angélica do capítulo 3.

2. Sente-se confortavelmente na cadeira, com ambos os pés apoiados no chão e as mãos repousando sobre o seu colo. Feche os olhos e respire lenta e profundamente por três vezes.

3. Visualize-se com uma forte conexão com o Divino por meio de uma luz branca pura que desce dos céus e adentra o seu corpo pela parte de cima da sua cabeça. Quando você conseguir perceber isso e sentir uma luz de cura divina preenchendo-o com uma energia revitalizante pura, visualize raízes saindo da sola dos seus pés, entrando na terra e fazendo você se sentir protegido, seguro e enraizado.

4. Concentre-se em sua respiração de novo, e respire lenta e profundamente por mais três vezes. A cada vez que você inspirar, visualize-se preenchendo cada célula do seu ser com a energia bondosa dos anjos. A cada expiração, sinta-se relaxando, conforme se liberta de toda a tensão, todo o estresse e toda a negatividade.

5. Mentalmente, examine o seu corpo e, de maneira consciente, relaxe todas as áreas de tensão. Você pode fazer isso se concentrando na área tensa até os músculos se soltarem e relaxarem. De forma alternativa, você pode preferir tensionar os músculos na área que precisa ser relaxada e liberar a tensão de modo intencional conforme expira.

6. Quando você se sentir totalmente relaxado, concentre-se na área em volta do seu coração (o seu chacra cardíaco) e expresse a sua gratidão ao Divino por todas as bênçãos que você

tem na sua vida, bem como pelo dom da vida em si. Abra o seu coração, e permita que os reinos angélicos preencham a sua alma com paz e amor divino.

7. Nesse estado calmo, tranquilo e relaxado, imagine-se de pé no topo de uma bela escada. Existem dez degraus que levam ao lugar onde você conversará com o seu anjo da guarda. Esse é o cenário mais lindo que você possa imaginar. Segure o corrimão e, conforme conta cada degrau, do décimo ao primeiro, permita-se dobrar o seu relaxamento a cada degrau. Dez, nove, oito, sete, seis, cinco, quatro, três, dois e um.

8. Ao sair do degrau de baixo, sinta a presença do seu anjo da guarda. Imagine que o seu anjo da guarda está ao seu lado, e que você pode se sentir envolvido por compaixão, ternura e amor. Você pode sentir o calor do seu anjo, observar lindas cores, detectar um aroma delicioso e ouvir uma música celestial.

9. Visualize o seu anjo da guarda conduzindo-o para um lugar onde vocês possam se sentar juntos e ter uma conversa sincera. Mesmo se esta for a primeira vez que você está se comunicando com o seu anjo guardião, sentirá como se vocês fossem bons amigos desde sempre – na verdade, realmente são.

10. Aproveite a conversa e, quando sentir que é o momento certo, pergunte para o seu anjo: "Qual é o seu nome?". Você provavelmente sentirá uma forte emoção na garganta ou no coração enquanto espera a resposta. Isso acontece porque você abriu os seus chacras laríngeo e cardíaco. O seu chacra laríngeo controla a comunicação e a expressão pessoal, enquanto o seu chacra cardíaco cuida da empatia, da compaixão e do amor.

11. Se for o momento correto, o seu anjo da guarda atenderá e responderá à sua pergunta. Não há necessidade de ficar preocupado se você não receber uma resposta; tudo o que você precisa fazer é perguntar novamente mais tarde.

12. Continue a sua conversa com o seu anjo da guarda por quanto tempo desejar. Expresse o seu amor e agradeça por tudo o que o seu anjo fez para você ao longo dos anos, principalmente pela constante orientação e proteção.

13. Quando você sentir que é o momento de se despedir, agradeça ao seu anjo novamente e diga o quão ansioso está pela próxima conversa de vocês.

14. Olhe ao redor do lindo cenário à sua volta, respire lenta e profundamente e, então, conte de um até cinco. Abra os olhos quando se sentir pronto e reserve um ou dois minutos para pensar sobre a experiência que você teve.

15. Levante-se e agradeça a Rafael, Miguel, Gabriel e Uriel por protegê-lo enquanto realizava a meditação. Despeça-se deles e prossiga com o seu dia.

É uma boa ideia escrever tudo o que puder se lembrar sobre a sua conversa com o seu anjo da guarda imediatamente, para que não se esqueça.

Muitas pessoas se sentem um pouco dispersas após realizarem esta meditação. Coma e beba algo para enraizar-se de novo antes de continuar com o seu dia. Eu geralmente como um punhado de uvas-passas e nozes, e bebo um copo d'água, enquanto penso sobre o que obtive com a meditação.

Você ficará mais propenso a se sentir emotivo depois, o que é perfeitamente natural. Também ficará mais propenso a se sentir repleto de amor e compaixão por si mesmo e pelos outros. Consequentemente, pode querer se comunicar com algumas pessoas queridas após a meditação. Você não precisa contar para elas o que estava fazendo (a não ser que queira), mas se certifique de dizer a essas pessoas o que elas significam para você e o quanto você as aprecia. Algumas semanas atrás, um grande amigo encerrou um e-mail para mim escrevendo: "Estou muito feliz por tê-lo na minha vida". Fiquei incrivelmente comovido com as palavras dele. Na maior parte do tempo, nós nos esquecemos de expressar nossos pensamentos gentis e bondosos aos outros. Você descobrirá que isso é muito mais fácil de fazer, caso se comunique com as pessoas especiais na sua vida logo depois de realizar esta meditação.

Bibliomancia Angélica

O termo "bibliomancia" se refere à adivinhação usando um livro, geralmente uma Bíblia ou algum outro livro sagrado. A pessoa que busca uma mensagem abre o livro em uma página aleatória e fecha os olhos ou faz algum movimento qualquer antes de tocar em algum ponto da página. A frase ou o parágrafo que o dedo indicar são interpretados, a fim de responder à pergunta ou oferecer percepções sobre o futuro.

A bibliomancia angélica usa um método semelhante para descobrir o nome do seu anjo da guarda. Além de uma combinação da bibliomancia e da sua intuição, ela utiliza a ajuda do seu anjo. O primeiro passo é escolher um livro adequado. Se você for religioso, pode utilizar a Bíblia, a Torá, o Alcorão ou algum outro livro espiritual. Você pode usar qualquer obra espiritual, desde que ela se relacione com suas próprias crenças. De forma alternativa, pode preferir utilizar um dicionário ou um livro de citações. Algumas vezes, uso uma obra que contém pensamentos e conselhos de Marco Aurélio (121-180), filósofo e imperador romano. Outra possibilidade é escolher um livro de que goste muito ou que seja importante para você por alguma razão.

1. Comece realizando a Invocação de Proteção Angélica do capítulo 3.

2. Sente-se confortavelmente segurando o livro que você vai utilizar. Eu sempre fico de frente para o leste enquanto realizo rituais deste tipo. Tenha caneta e papel em mãos. Feche os olhos e respire lenta e profundamente por diversas vezes, a fim de relaxar e acalmar a sua mente. Pense sobre o seu desejo de descobrir o nome do seu anjo da guarda e peça ao seu anjo para ajudá-lo a receber o nome durante o ritual.

3. Quando você se sentir pronto, abra o livro em uma página aleatória. Certifique-se de que ela é realmente aleatória – um livro favorito tende a ser aberto em uma página que você consulta com frequência. Uma alternativa é folhear as páginas e parar quando sentir vontade. Você pode querer inserir um marcador de livro ou um cartão entre as duas páginas. Se o seu livro puder ficar aberto, você terá uma escolha de duas páginas. Se não, decida qual página utilizará e abra o livro parcialmente com a sua mão não dominante.

4. Após escolher a página, feche os olhos ou se movimente e coloque a ponta do seu dedo indicador na página. Abra os olhos e veja a palavra na página que você selecionou de forma aleatória. Escreva a primeira letra dessa palavra. Essa é provavelmente a primeira letra do nome do seu anjo da guarda.

5. Repita os passos 3 e 4 até que a sua intuição lhe diga para parar. Isso provavelmente acontecerá após você ter escrito de três a seis letras.

6. Como existem 21 consoantes e apenas cinco vogais, as chances são de que a maioria das letras que você escreveu – ou possivelmente todas – seja consoante. Usando a sua intuição mais uma vez, coloque vogais entre algumas ou todas as consoantes, com o objetivo de criar uma sequência de letras que você consiga pronunciar. Se, por exemplo, a bibliomancia apresentou as letras T, S, L e K, você pode acrescentar vogais para formar TASELUK ou TISALK. Se as letras forem RKOFT, você pode adicionar apenas uma vogal, para criar, por exemplo, RIKOFT ou REKOFT. Também pode acrescentar duas vogais, a fim de criar RAKOFET ou RUKOFIT. Com algumas combinações de letras, você pode não precisar acrescentar nenhuma vogal adicional para criar uma palavra que possa pronunciar: por exemplo, ABSOR, KATO e TOBRAN.

7. O último passo é acrescentar as letras EL ou ON no fim da sequência de letras que você criou. Você pode ter percebido que a maioria dos nomes angélicos termina com essas letras.

Usando os exemplos que criamos, TASELUK se tornaria TASELUKEL ou TASELUKON, e RIKOFT se tornaria RIKOFTEL ou RIKOFTON.

8. Pergunte ao seu anjo da guarda se você formou o nome dele de maneira correta. Se necessário, repita o passo 6 até ter formado o nome corretamente. Após ter descoberto o nome do seu anjo da guarda, agradeça ao anjo por revelá-lo a você e faça uma breve oração de agradecimento ao Divino, por permitir que descobrisse o nome.

9. Agradeça ao seu anjo da guarda, usando o nome dele, por todo o auxílio que você recebeu. Agradeça aos arcanjos Rafael, Miguel, Gabriel e Uriel por ajudarem e se despeça deles. Faça uma pausa por um ou dois minutos, antes de se levantar e prosseguir com o seu dia.

O Cristal do Seu Anjo

Este método envolve utilizar um cristal ou uma pedra que você possa dedicar ao seu anjo da guarda. A pedra deve ser atrativa e agradável ao ser segurada e tocada. Você deve, idealmente, ser capaz de segurá-la com a mão fechada. Você pode já ter um cristal adequado que possa utilizar. Ou pode preferir procurar um cristal que usará apenas quando trabalhar com o seu anjo da guarda. Se fizer isso, procure um cristal que sinta ser confortável quando você o segura. Provavelmente, você terá algumas ideias sobre a cor, o tamanho e o tipo de cristal que funciona melhor para si. No entanto, mantenha a mente aberta e confie em sua intuição. Eu, em geral, volto para casa com um cristal que é completamente diferente do que eu tinha em mente. Isso acontece porque o cristal que comprei "falou" comigo quando eu o observei, o toquei e o segurei.

Os anjos respondem positivamente a todos os cristais, mas alguns são considerados melhores do que outros. A seguir, são apresentados alguns cristais que possuem fortes associações angélicas.

Celestita

A celestita tem uma variedade de cores, que vão do branco ao marrom. A melhor cor para trabalhar com o seu anjo da guarda é azul-claro. A celestita o ajuda a se comunicar com o seu anjo da guarda por meio da clariaudiência.

Selenita

A selenita é um cristal branco translúcido que tem um brilho especial quando polido. Muitas pessoas usam a selenita para proteção e para se comunicar com o Arcanjo Gabriel. Ela também é um ótimo cristal para estabelecer uma comunicação com o seu anjo da guarda.

Quartzo Rutilado

O quartzo rutilado é comumente denominado "cabelo de anjo", por incluir rútilo fino, que parece fios de cabelo que ficaram presos dentro do cristal. Os quartzos amplificam quaisquer comunicações que você tenha com os anjos, facilitando o envio e o recebimento de mensagens.

Manganocalcita

A manganocalcita é um lindo cristal rosa e branco que aumenta a paz interior, a compaixão e o amor. Por causa de sua associação com o amor, muitas pessoas a seguram sobre seus chacras cardíacos enquanto trabalham com ela. Esse cristal incentiva uma comunicação sincera e bondosa com o seu anjo da guarda.

Angelita

A angelita é uma pedra azul-lilás comumente encontrada com partículas de branco puro. Ela foi descoberta pela primeira vez no Peru, em 1987. É formada a partir de celestita comprimida por milhões de anos. Muitas pessoas a colocam debaixo do travesseiro quando querem receber mensagens angélicas durante o sono. No entanto, você também pode utilizá-la para incentivar a comunicação com o seu anjo da guarda em qualquer momento. A angelita é uma pedra macia e deve ser mantida longe da água.

Prehnita Verde

A prehnita costuma ser verde-clara, mas também pode ser branca, cinza, marrom e quase sem cor. A prehnita verde aumenta a precognição, ajuda as pessoas envolvidas em curas e incentiva a comunicação angélica.

Os cristais mencionados anteriormente são apenas sugestões; você pode usar qualquer cristal que desejar. O melhor cristal é aquele que parecer ser o certo, aquele com o qual você se identifica e que o faz se sentir positivo e feliz.

Se você tiver uma boa seleção de cristais que possa escolher, respire lenta e profundamente algumas vezes e, então, escolha cada cristal que lhe agrada com a sua mão não dominante, um de cada vez. Você pode ter uma sensação de calor ou de frio quando segurar um cristal específico ou ele pode parecer pulsar suavemente em sua mão. Pode ter uma sensação de formigamento na mão quando segurá-lo. Ou pode não experimentar nenhuma dessas impressões, mas ter uma sensação de saber que um cristal específico é o correto para você. Se usar um pêndulo, poderá segurá-lo sobre um cristal de cada vez, a fim de determinar qual é o certo para você.

Antes de usar o seu cristal, você precisa purificá-lo, a fim de eliminar quaisquer energias negativas que ele possa ter captado de alguém que o manipulou antes de você comprá-lo. Existem diversas maneiras de se fazer isso:

1. Acenda uma vela e passe o seu cristal sobre a chama o mais rápido possível. Este é um ótimo método se você nasceu sob um signo de fogo (Áries, Leão e Sagitário).

2. Enterre o seu cristal por pelo menos 24 horas. Lave-o em água de nascente pura (pode ser engarrafada) e seque-o em seguida. Este é um ótimo método se você pertence a um signo de terra (Touro, Virgem e Capricórnio).

3. Acenda um incenso de sálvia e segure o seu cristal na fumaça por cerca de 30 segundos. Este é um ótimo método para

pessoas que pertencem a um signo de ar (Gêmeos, Libra e Aquário).

4. Segure o seu cristal debaixo de uma fonte de água corrente por cerca de um minuto. Água da chuva também serve. Água de nascente engarrafada também é boa se você não morar perto de uma nascente ou de um riacho. Da mesma forma, você pode usar água da torneira. No entanto, verifique se pode fazer isso com o seu cristal. Angelita, celestita, prehnita e selenita não devem ser purificadas com água. Este um ótimo método para pessoas que pertencem a um signo de água (Câncer, Escorpião e Peixes).

5. A luz natural é uma ótima forma de purificar pedras roladas. Coloque a sua pedra diretamente na terra, onde ela ficará exposta à luz da lua e do sol. Tenha certeza de que ela esteja em um local seguro, no qual não será afetada por pessoas ou pela vida selvagem. Deposite-a ao anoitecer e pegue-a de volta entre 10 e 11 horas da manhã do dia seguinte. Lave a pedra em água fresca e seque-a. Lembre-se de verificar a previsão do tempo antes de fazer isso, pois é necessário que o tempo esteja bom.

6. Você também pode purificar o seu cristal com a sua respiração. Segure a pedra na palma da sua mão dominante e inspire profundamente pelo nariz. Segure a pedra perto do nariz e, com ele, expire nela diversas vezes, de forma curta e forte. Você pode precisar repetir isso várias vezes, expondo diferentes partes do seu cristal à sua respiração a cada vez. Leva cerca de 30 segundos para purificar um cristal usando este método.

Quando a sua pedra estiver purificada, você pode dedicá-la ao seu anjo da guarda. A forma mais simples de fazer isso é ficar ao ar livre com o cristal em sua mão não dominante. Enquanto você olha para o cristal, diga algo como: "Dedico este cristal ao meu anjo da guarda, a fim de intensificar a nossa conexão e aumentar a minha receptividade a todas as mensagens que o meu anjo especial me envia. Peço que este cristal esteja sempre cercado de amor e luz. Obrigado".

Carregue o cristal com você por pelo menos sete dias, para intensificar a sua conexão com o seu anjo da guarda. Após isso, mantenha-o em um bolso ou em uma bolsa onde possa vê-lo ou senti-lo diversas vezes ao dia. Sempre que precisar entrar em contato com o seu anjo da guarda, toque o cristal, esfregue-o ou segure-o, a fim de estabelecer uma conexão imediata.

Você pode preferir dedicar o seu cristal realizando um breve ritual. Coloque o cristal no centro do seu altar. (Se você não tiver um altar, uma pequena mesa também serve.) Situe o seu altar de modo que você fique de frente para o leste enquanto trabalha nele. Coloque três velas brancas ao redor do cristal, uma de cada lado e a outra atrás dele. Como sempre, tenha cuidado quando usar velas e mantenha um recipiente com água por perto, apenas no caso de ocorrer um acidente.

1. Realize a Invocação de Proteção Angélica do capítulo 3.
2. Acenda as velas enquanto pensa sobre a sua intenção de dedicar o cristal ao seu anjo da guarda.
3. Segure o cristal delicadamente enquanto diz: "Dedico este cristal ao meu anjo da guarda, a fim de intensificar a nossa conexão e aumentar a minha receptividade a todas as mensagens do meu anjo guardião. Dedico este cristal ao bem maior, e peço que este cristal esteja sempre cercado de amor e luz. Obrigado".
4. Segure o cristal na sua mão não dominante. Sorria para ele e mostre-o para os arcanjos das quatro direções: Rafael a leste, Miguel ao sul, Gabriel a oeste e Uriel ao norte.
5. Coloque o cristal no altar novamente e, com cuidado, esfregue-o enquanto conversa com o seu anjo da guarda. Você pode dizer: "Este cristal é para nós dois, a fim de nos ajudar a nos comunicarmos com clareza. A minha intenção é que isso nos tornará ainda mais próximos. Eu te amo, meu querido anjo da guarda. Obrigado por estar comigo em todos

os momentos desta vida. Sou mais grato do que é possível expressar com palavras". Converse por quanto tempo desejar.

6. Pegue o cristal e segure-o tão alto quanto conseguir, com as suas mãos posicionadas em forma de concha. Diga: "Eu peço amor divino e proteção para mim, para meu anjo da guarda e para este cristal, que trabalhará conosco e para nós. Obrigado".

7. Coloque o cristal no altar novamente. Faça uma breve oração e permaneça em silêncio por um ou dois minutos. Quando você se sentir pronto, apague as velas, agradeça aos quatro grandes arcanjos por sua proteção e finalize o ritual.

A etapa final é usar o cristal para enviar mensagens ao seu anjo da guarda, e receber respostas e mensagens. Você precisará carregar o cristal consigo por pelo menos uma semana após dedicá-lo antes de utilizá-lo para se comunicar com o seu anjo da guarda.

Com o passar do tempo, você descobrirá que pode estabelecer uma conexão imediata com o seu anjo da guarda simplesmente tocando ou esfregando o seu cristal. A princípio, precisará passar alguns minutos segurando o seu cristal, enquanto pensa em seu anjo da guarda e sobre a pergunta ou as perguntas que deseja fazer. O seu cristal permitirá que você saiba o instante em que a comunicação foi estabelecida. Quando isso ocorrer, sentirá uma mudança súbita, como uma alteração na temperatura, uma sensação de formigamento ou apenas uma sensação de saber.

Quando a conexão tiver sido feita, converse com o seu anjo da guarda enquanto segura ou toca o seu cristal. Você pode fazer isso em voz alta, se estiver sozinho, ou em sua mente. O seu anjo da guarda ficará feliz em escutá-lo; conversar em silêncio ou em voz alta não faz diferença.

Durante esta primeira comunicação, peça ao seu anjo para lhe dar um sinal durante os próximos dias. Fique atento a algo fora do normal. Você pode observar mais sinais comuns de presença angélica, como borboletas, penas, aromas deliciosos e moedas pequenas, mas também pode sentir mudanças em seu cristal e observar coincidências interessantes que se relacionam estritamente a você.

Agora é o momento de perguntar o nome do seu anjo da guarda. Em sua próxima sessão, pergunte: "Querido Anjo da Guarda, eu adoraria saber o seu nome. Por favor, permita-me sabê-lo". Mais uma vez, fique atento a quaisquer sinais do seu anjo. Você pode perceber o mesmo nome aparecer diversas vezes. Pode ver ou ouvir um nome incomum que chama a sua atenção. Um *outdoor* que mal notou antes pode, subitamente, atrair a sua atenção, e você pode ler um nome ou uma palavra que o intrigue. Pode ler algo e parar em uma palavra específica sem um motivo aparente.

Com sorte, você receberá um nome dessa forma e saberá, sem sombra de dúvida, que esse é o nome do seu anjo da guarda. No entanto, também é possível receber um nome dessa maneira e ainda ter dúvidas de que esse é o nome do seu anjo. Se esse for o caso, você pode querer ter uma confirmação de que esse é realmente o nome do seu anjo guardião. Você pode fazer isso pedindo um sinal de que o nome esteja correto. Essa forma de descobrir o nome do seu anjo da guarda pode parecer um pouco cansativa e demorada, mas se lembre de que você desenvolverá uma conexão mais próxima com o seu anjo da guarda todas as vezes em que utilizar o seu cristal. Com o passar do tempo, descobrirá que será capaz de ouvir mensagens por meio da clariaudiência. Quando isso acontecer, não precisará pedir sinais; você receberá uma resposta imediata em seus pensamentos ou como uma voz baixa dentro da sua cabeça ou no seu ouvido.

Invocação Colorida

Esta é uma forma divertida de entrar em contato com o seu anjo da guarda. Se você tiver sorte, poderá ver o seu anjo especial no olho da sua mente enquanto estiver realizando esta invocação.

1. Comece criando um "círculo mágico" e coloque uma cadeira no centro dele.
2. Realize a Invocação de Proteção Angélica do capítulo 3.
3. Sente-se em uma cadeira com encosto reto, em direção ao leste, no centro do seu círculo mágico. Repouse as suas mãos no seu colo e coloque os pés apoiados no chão.
4. Feche os olhos e respire lenta e profundamente por três vezes. A cada vez que você inspirar, pense: "relaxamento entrando". Quando expirar, pense: "tensão e estresse saindo". Continue respirando lenta e profundamente. Relaxe de modo consciente todos os músculos do seu corpo, começando pelos dedos dos pés e terminando na parte de cima da sua cabeça. Após fazer isso, examine seu corpo mentalmente para ter certeza de que esteja relaxado por completo. Permita que quaisquer áreas que ainda estejam tensas se relaxem enquanto você se concentra nelas.
5. Quando você se sentir totalmente relaxado, preste atenção na sua respiração de novo. Imagine que você esteja respirando uma energia divina a cada vez que inspirar. Ao expirar, imagine que cada expiração cria uma bolha de ar invisível ao seu redor, que cresce mais e mais a cada expiração. Quando você sentir que está totalmente envolto por essa bolha de ar imaginária, preencha-a mentalmente com a sua cor favorita para torná-la visível.
6. Desfrute das sensações que essa cor proporciona no seu corpo. Mude mentalmente a cor e desfrute dos sentimentos que essa cor diferente oferece a você. Teste cores distintas e aproveite as diversas sensações que elas proporcionam.
7. Após testar todas as cores que lhe agradam, visualize a bolha retornar para a sua cor favorita. Respire profundamente, segurando a respiração por alguns segundos, e expire lentamente. Ao expirar, convide o seu anjo da guarda a se juntar a você. Visualize o seu anjo da forma mais clara possível dentro da bolha. Você pode vê-lo no olho da sua mente. De maneira

alternativa, pode ter uma sensação de saber que o seu anjo da guarda está com você.

8. Permita-se tornar-se familiarizado com a cena. Sinta a energia bondosa do seu anjo da guarda e desfrute dos sentimentos que ela cria em cada célula do seu corpo. Quando se sentir pronto, comece a conversar com o seu anjo da guarda. Agradeça ao seu anjo por ajudá-lo e guiá-lo ao progredir ao longo da vida. Se tiver uma necessidade específica, converse a respeito dela com o seu anjo, seja ela qual for. Você pode pedir qualquer coisa para o seu anjo da guarda. O seu anjo da guarda escutará com atenção o que você diz e responderá com percepções úteis que o auxiliarão a resolver as suas preocupações. Você pode conversar com o seu anjo da guarda por quanto tempo desejar. Lembre-se de pedir para o seu anjo guardião lhe dizer o nome dele.

9. Depois de abordar tudo o que você queria, agradeça novamente ao seu anjo da guarda por sua ajuda e seu apoio e despeça-se. Observe a bolha se dissipar lentamente até desaparecer. Respire lenta e profundamente por três vezes e abra os olhos.

10. Permaneça sentado por um ou dois minutos, até se sentir preparado para retornar à sua vida cotidiana. Levante-se quando se sentir pronto. Agradeça aos quatro grandes arcanjos por protegê-lo enquanto você realizava o ritual e despeça-se deles um de cada vez, começando pelo Arcanjo Rafael, seguido de Miguel, Gabriel e Uriel.

Não se apresse para retomar as suas tarefas diárias. Coma e beba algo para se enraizar primeiro e, depois, relaxe por alguns minutos antes de continuar com o seu dia.

Caminhando com o Seu Anjo da Guarda

Esta é a minha forma favorita de me comunicar com o meu anjo da guarda. Você pode usá-la para descobrir o nome do seu anjo guardião, mas, acima de tudo, ela permite que você desfrute de uma conversa com o seu anjo da guarda, sempre que desejar.

Reserve ao menos 30 minutos para a caminhada. Você pode caminhar em qualquer lugar, mas, se possível, escolha algum local calmo e tranquilo, onde provavelmente não encontrará ninguém que conheça. Caminhe por um ou dois minutos pensando sobre o seu anjo da guarda e os assuntos que gostaria que discutissem juntos. Tenha esperança de que o seu anjo se juntará a você em breve. As chances são de que sinta que o seu anjo da guarda está caminhando ao seu lado e começou a conversar com você. Se isso não acontecer, você pode falar algo para seguir com a conversa. Se não sentir a presença do seu anjo após alguns minutos, toque o seu cristal, peça para o seu anjo da guarda se juntar a você e, imediatamente, comece a falar. O seu anjo da guarda responderá logo. Em qualquer momento durante uma dessas conversas, pergunte casualmente ao seu anjo guardião qual é o nome dele.

Em vez de começar uma conversa, você pode abrir a sua mente e ficar atento para quaisquer mensagens que possam surgir em seu pensamento. Pode conversar silenciosamente ou em voz alta quando estiver caminhando com o seu anjo. Faço os dois, dependendo de onde eu esteja andando. Atualmente, muitas pessoas conversam no telefone enquanto caminham, o que significa que é provável que ninguém prestará atenção se você caminhar em uma rua suburbana falando alto. Moro nos limites de uma cidade e faço a maior parte das caminhadas no campo, onde raramente encontro alguém. Converso em voz alta enquanto pratico isso, mas se tornou um hábito para mim conversar em silêncio enquanto caminho em ruas das cidades.

Você pode discutir tudo o que quiser enquanto caminha com o seu anjo da guarda. Evidentemente, deve expressar o seu amor e a sua gratidão por tudo o que o seu anjo faz por você. Descobrirá que pode desfrutar tanto de conversas causais e descontraídas, quanto de discussões profundas e filosóficas. O seu anjo da guarda possui uma paciência inesgotável e ficará feliz em explicar as coisas para você várias vezes, sempre que for necessário.

Você não precisa estar andando para desfrutar de uma conversa com o seu anjo da guarda. Pode tocar o seu cristal e se comunicar com o seu anjo em qualquer lugar e em qualquer momento. Eu já conversei com o meu anjo da guarda em ônibus, trens, aviões e em diversos outros locais. Descobrirá que o seu anjo da guarda ficará contente em conversar com você em quase todos os momentos.

Curando-se com o Seu Anjo da Guarda

O seu anjo da guarda quer que você leve a melhor vida que possa ter. Para fazer isso, você precisa se sentir bem de forma espiritual, emocional, mental e física.

Você pode pedir para o seu anjo da guarda ajudá-lo a se curar da dor, independentemente de qual seja a causa. Por exemplo, se está sofrendo de eczema, uma condição que causa dor e coceira na pele, pode pedir para o seu anjo lhe dar alívio. Você poderá sentir alívio por um tempo, mas essa condição acabará voltando. Isso acontece porque o motivo subjacente por trás dessa condição precisa ser descoberto e tratado antes de você ser totalmente curado. O seu anjo da guarda ficará feliz em ajudá-lo com isso, e o conduzirá a lugares e situações relacionados ao seu problema de saúde. Você pode, aparentemente por acaso, encontrar um naturopata que recomende determinados medicamentos que ajudarão. Pode se deparar comprando determinados alimentos que não adquiriria normalmente. Pode sentir vontade de comer vegetais crus e aumentar enormemente o seu consumo de água. Sempre que algo assim acontecer, pergunte para o seu anjo da guarda se ele o conduziu ao que quer que isso seja. Se a resposta for "sim", faça quaisquer outras perguntas que possa ter, a fim de descobrir como essas mudanças vão influenciar e, por fim, curar sua condição.

Muitos problemas de saúde começam com emoções negativas. Câncer, diabetes e problemas cardíacos podem ser causados por pensamentos e sentimentos nocivos. Inflexibilidade e rigidez podem causar problemas no pescoço. Medo de mudanças e novas ideias, algumas vezes, causam problemas no estômago. Há muitos anos, aprendi que dor na região lombar pode ser causada por problemas financeiros. Algumas horas depois de o meu gerente de banco recusar a minha solicitação de um aumento de cheque especial, senti uma dor repentina na região da lombar. Ela continuou de forma intermitente até a minha situação financeira melhorar. O seu anjo da guarda pode ajudá-lo a lidar com emoções difíceis, a fim de possibilitar que a cura aconteça.

Obviamente, você deve consultar um médico para todos os problemas de saúde. Além disso, pode pedir para o seu anjo da guarda ajudá-lo a recuperar a sua saúde e a sua energia. Siga o aconselhamento do seu médico e fique atento a quaisquer mensagens que receber do seu anjo da guarda. Você pode ajudar o processo sendo gentil consigo mesmo, mantendo-se positivo o máximo que puder e expressando gratidão em todos os lugares para onde for.

A seguir, é apresentado um ritual que você pode utilizar para auxiliar a autocura. Observe que este pode ser um ritual muito emotivo, talvez mais do que os outros que você realizou até este momento.

1. Comece realizando a Invocação de Proteção Angélica do capítulo 3.

2. Sente-se em uma cadeira com encosto reto dentro do seu círculo mágico, de frente para o leste, e peça para o seu anjo da guarda se juntar a você. Quando sentir que o seu anjo está do seu lado ou à sua frente, peça ajuda. (Pode parecer óbvio, mas o seu anjo da guarda não vai intervir se você não pedir. Eu fui culpado disso diversas vezes ao longo dos anos. Não há motivo para ser estoico e aguentar a dor quando você não precisa fazer isso!) Peça ajuda, conforto e cura para o seu anjo.

3. Você pode perceber uma sensação no seu coração quando pedir ajuda, conforto e cura. Isso é causado pelo seu chacra cardíaco. Pode abrir o seu chacra cardíaco recitando afirmações positivas, como: "Eu estou aberto ao amor"; "Eu me amo"; "Eu perdoo a mim mesmo e aos outros"; e "Eu amo a todos incondicionalmente". Repetir essas afirmações serve para dois propósitos: abre o seu chacra cardíaco, e também permite que o amor e as vibrações de cura do seu anjo da guarda curem a sua dor. Enquanto o seu chacra cardíaco está aberto, você pode expressar gratidão e amor ao seu anjo especial.

4. Esteja aberto para receber a cura. Você deve querer ser curado. Algumas pessoas gostam de ficar doentes para obter atenção e simpatia, as quais elas não receberiam de outra forma. Consequentemente, elas não têm uma grande vontade de ficar saudáveis e bem de novo. O seu anjo da guarda também quer que você fique em forma e saudável e, constantemente, o cerca de amor e energia de cura. Reserve alguns minutos para essa energia e esse amor permearem cada célula do seu corpo.

5. Agora, observe o grande Arcanjo Rafael, o arcanjo da cura, diretamente à sua frente. Peça para ele preenchê-lo com sua energia de cura. Desfrute da sensação de ser completamente cercado pelo seu amor e pela sua energia por quanto tempo desejar. Agradeça a ele de maneira sincera por sua ajuda e seu amor.

6. Agradeça ao seu anjo da guarda sinceramente por todo o amor, a ajuda e o apoio que você tem recebido ao longo da sua vida. Agradeça ao seu anjo por ajudá-lo a curar seu corpo, sua mente e seu espírito. Pergunte ao seu anjo se existe mais alguma coisa que você precisa saber para auxiliar no processo de cura. Faça quaisquer outras perguntas que você tenha. Após terminar a conversa, agradeça ao seu anjo da guarda mais uma vez e despeça-se. Isso significa que você está finalizando o ritual e que não precisa mais do seu anjo da guarda

dentro do círculo mágico. Você sabe que o seu anjo estará por perto, cuidando de você como sempre.

7. Agradeça aos quatro grandes arcanjos por tê-lo protegido enquanto você conduzia o ritual. Faça um agradecimento especial ao Arcanjo Rafael ao finalizar o ritual.

Relaxe por um ou dois minutos, e certifique-se de estar se sentindo confiante e positivo antes de se levantar. Coma e beba algo assim que possível após realizar o ritual. Repita esse ritual quantas vezes for necessário, até você se sentir saudável e bem novamente.

Seu anjo da guarda também o ajudará a curar outras pessoas. No entanto, você precisa ter cuidado quando fizer isso, pois a doença pode ser algo que a pessoa necessita enfrentar nesta encarnação.

Aconselhamento do Seu Anjo da Guarda

Seu anjo da guarda quer que você leve uma vida plena e feliz. Para fazer isso, você precisa estar saudável em corpo e mente. Se estiver sofrendo de uma dor física, isso significa que está enfrentando sensações desagradáveis no seu corpo. Apesar de a dor nunca ser bem-vinda, ela é um sinal de que você precisa prestar mais atenção ao seu corpo e descobrir um modo de resolver a situação e aliviar a dor. Por sorte, a maioria das dores pode ser tratada e controlada ou curada. Infelizmente, algumas formas de dor são crônicas e não podem ser curadas.

A dor emocional pode ser tão dolorosa quanto a dor física. Sofrimento, decepção, ansiedade, solidão, raiva, rejeição, infidelidade e traição são todos bons exemplos. Muitas pessoas tentam lidar com esses problemas consumindo álcool e drogas, ou fingem que esses problemas não existem. Essas soluções nunca funcionam e, frequentemente, levam à depressão e à doença física.

Independentemente de qual forma a dor assuma, ela nunca ocorre sem uma razão. Analgésicos podem por certo tempo mascarar o problema, mas não o curam. Consequentemente, você deve buscar a melhor ajuda profissional que puder para aliviar a dor e, com sorte, resolver o que o aflige. Além disso, deve pedir ajuda e aconselhamento para o seu anjo da guarda. Seu anjo o guiará até as pessoas que estão mais preparadas para curá-lo. Seu anjo também o auxiliará a descobrir a fonte da dor e lhe dirá o que você pode fazer para aliviá-la de uma forma que serve para o seu bem maior. Se você pedir, seu anjo permitirá que saiba o motivo pelo qual está enfrentando dor na sua vida.

O aconselhamento do seu anjo da guarda pode ser tão simples quanto lhe dizer para se desapegar de algo a que você estava se prendendo desesperadamente. Ficar preso a algo que não serve mais para você, de modo inevitável, causa sofrimento e dor. Quando se desapegar, conseguirá começar a seguir em frente mais uma vez. Você pode trabalhar para se perdoar e perdoar as outras pessoas e começar a se amar de novo.

Seu anjo permitirá que você saiba se há um propósito mais elevado por trás da dor. Existe um plano divino para você; por mais que isso pareça estranho, a dor e a doença podem oferecer o ímpeto necessário para forçá-lo a repensar o seu caminho na vida e descobrir o que você está destinado a alcançar nesta encarnação.

A seguir, é apresentado um ritual que você pode realizar sempre que precisar reduzir a dor ou recuperar a sua saúde.

1. Comece realizando a Invocação de Proteção Angélica do capítulo 3.

2. Sente-se confortavelmente em uma cadeira com encosto reto, de frente para o leste, com ambos os pés apoiados no chão e as suas mãos repousando no seu colo. Feche os olhos e respire lenta e profundamente por três vezes.

3. Peça para o seu anjo da guarda ajudá-lo a realizar um ritual de cura. Continue respirando lenta e profundamente, até o seu anjo guardião responder. Você pode sentir um toque leve, ter uma sensação de que está cercado pelo seu anjo ou simplesmente notar que o seu anjo da guarda está com você e mais do que disposto a ajudá-lo.

4. Ao inspirar, imagine uma corrente de luz branca pura descer e entrar no seu corpo por meio do seu chacra coronário. O seu chacra coronário é um centro energético poderoso dentro da sua aura, na parte de cima da sua cabeça. Ao expirar, sinta essa luz branca pura entrar no seu corpo, revitalizando e curando cada célula de cada órgão que ela tocar. Você sente a cura, a princípio, na sua cabeça, mas, com cada inspiração, ela se espalha para os seus braços e os seus ombros e, depois, para o seu peito e as suas costas. Ela se espalha até o seu abdômen, descendo para cada perna, até chegar à ponta dos seus dedos dos pés. Cada inspiração oferece mais energia de luz, e, a cada expiração, a luz gradativamente se espalha para mais partes do seu corpo, até você estar repleto de luz branca pura.

5. A luz branca continua a descer pelo seu chacra coronário, até mesmo após o seu corpo estar repleto de energia de luz branca. Ela agora se espalha por inteiro em você e aos poucos cria uma grande esfera de luz branca pura que o envolve por completo. Você se sente agradavelmente quente, protegido e seguro dentro da esfera de luz.

6. Examine o seu corpo mentalmente para ter certeza de que a luz se espalhou para cada parte do seu ser. Visualize a luz branca se espalhando até quaisquer áreas que precisem dela.

7. Peça para o seu anjo da guarda ajudar a luz branca a proporcionar ainda mais energia de cura para quaisquer áreas de dor ou doença.

8. A luz branca pura continua a inundá-lo por inteiro. Você se sente completamente presente no momento, e percebe que você e o seu anjo da guarda estão vivenciando uma atenção plena perfeita juntos. Você não está mais preocupado com questões do passado ou do futuro. Sente-se abençoado, e o tempo parece parar enquanto você se concentra somente no instante presente, na companhia do seu anjo da guarda.

9. Você sente uma forte vontade de rezar, por isso agradece ao Divino por todas as bênçãos na sua vida. Lista algumas das

coisas pelas quais é grato, como o dom da vida, a proteção e a orientação do seu anjo da guarda, o amor da sua família e dos seus amigos e a capacidade de usar as suas habilidades para ajudar a fazer do mundo um lugar melhor. Você pede cura, para que possa continuar a crescer nesta vida. Pode rezar para o Divino por quanto tempo desejar. Finalize oferecendo a sua gratidão e os seus agradecimentos.

10. O seu anjo da guarda segura a sua mão e, juntos, vocês ascendem para dentro da coluna de luz branca pura. Quando vocês param, você olha para baixo e observa a si mesmo sentado na cadeira dentro da coluna de luz branca pura. Você sabe que a sua alma está olhando para baixo, em direção ao seu corpo físico. Ao seu redor, estão os quatro grandes arcanjos: Rafael, Miguel, Gabriel e Uriel. Você percebe que Rafael, o arcanjo da cura, o está observando. Ele traz um grande sorriso no rosto enquanto faz contato visual. Você sente um raio de energia e sabe que Rafael fará tudo o que puder para ajudá-lo.

11. Seu anjo da guarda aperta a sua mão, e vocês descem novamente. Você não quer que o ritual termine, mas percebe que ele acabou quando seu anjo solta a sua mão cuidadosamente. "Muito obrigado", você diz. "Sou muito grato por tê-lo na minha vida."

12. Sente-se em silêncio por alguns instantes. Quando você se sentir pronto, levante-se, agradeça aos quatro grandes arcanjos e despeça-se deles.

13. Sente-se mais uma vez e conte lentamente de um até cinco antes de abrir os olhos.

14. Passe alguns minutos pensando sobre o que você vivenciou. Depois, coma e beba algo antes de retornar para a sua vida cotidiana.

Você pode repetir este ritual sempre que desejar.

Sua Saúde Espiritual

Sua saúde espiritual é tão importante quanto a sua saúde física e emocional. Quando você está espiritualmente saudável, sente uma forte conexão com um poder superior, e se mantém relaxado e tranquilo quando se comunica com os reinos espirituais.

Auras

A aura é um campo energético eletromagnético que envolve o corpo de todas as coisas vivas. Como a aura também faz parte de todas as células no corpo, ela é, na verdade, uma extensão do corpo, em vez de algo que o envolve. A palavra "aura" vem do termo grego *avra*, que significa "brisa", uma ideia que faz alusão às energias que fluem pelas nossas auras e refletem as nossas personalidades, os nossos pensamentos e as nossas emoções. A aura revela o bem-estar espiritual, mental e físico de uma pessoa. Pensamentos e emoções antigos são observados na aura e, se a pessoa muda essas crenças e emoções antigas, a aura se altera para refletir isso. A forma como você está se sentindo a respeito da vida em um determinado momento é claramente visível para qualquer pessoa que consiga ler auras.

A aura humana tem um formato parecido com o de um ovo e se estende de 2,5 metros a 3 metros de distância do corpo, em todas as direções. Dizem que algumas pessoas muito espiritualizadas têm auras que se estendem por vários quilômetros, e seus seguidores gostam de passar o tempo em sua companhia, em parte, porque podem sentir que foram envolvidos na aura de seu guru. Os primeiros seguidores do Buda Gautama disseram que a aura dele se estendia por cerca de 320 quilômetros (EASON, 2000, p. 11).

A aura se expande e se contrai, dependendo da saúde e da vitalidade da pessoa. Uma pessoa motivada, disposta e com boa forma física terá uma aura muito maior do que outra que é pessimista e fraca. A pessoa com uma aura maior se sentirá mais no controle de sua vida do que aquela com uma aura menor.

As auras contêm todas as cores do espectro. Elas também podem mudar de cor, dependendo dos sentimentos e das emoções das pessoas. Expressões como "vermelho de raiva", "verde de inveja" e, em inglês, *feeling blue* (sentindo-se triste) surgiram porque as pessoas conseguiam ver as cores nas auras das outras pessoas.

Quando as pessoas começam a ver auras, estas aparentam ser brancas ou quase semelhantes a nuvens. Com a prática, as cores gradativamente se tornam visíveis. Cada aura tem uma cor básica que revela a natureza emocional, mental e espiritual do indivíduo. Além disso, a aura contém raios de diferentes cores que são emanados para fora do corpo.

A aura não está presente quando um bebê nasce, mas começa a aparecer assim que o bebê respira pela primeira vez (ROBERTS, 1984, p. 7). Isso parece indicar que a aura consiste em uma energia que é absorvida no corpo pela respiração e irradiada para fora novamente como aura.

A princípio, a aura praticamente não tem cor, mas ela adquire um tom prateado quando o bebê tem aproximadamente três meses de idade. A cor prateada muda aos poucos para azul, indicando o desenvolvimento da inteligência. Isso em geral acontece entre 1 a 2 anos. Ao mesmo tempo, uma névoa amarela aparece ao redor da cabeça, revelando o começo do pensamento. Essa névoa se torna mais brilhante e mais poderosa conforme a criança continua a se desenvolver mentalmente. A aura pouco a pouco começa a revelar os potenciais da criança, e cores permanentes aparecem, tornando-se evidentes no momento em que a criança começa a frequentar a escola. Azul permanece como uma cor de fundo que pode ser vista somente quando a criança está doente. Com o passar do tempo, esse azul diminui e, por fim, desaparece.

As cores da aura são vibrações de energia poderosas, pulsantes e luminosas, criadas pela carga eletromagnética da aura. O nível de frequência dessa luz está um pouco além do alcance da visão humana, mas pode ser fotografado, e a maioria das pessoas pode aprender a vê-lo.

Cada aura contém todas as cores do arco-íris – vermelho, laranja, amarelo, verde, azul, anil e violeta. Essas cores aparecem nos chacras, que veremos a seguir. No entanto, essas e outras cores podem aparecer como uma cor principal (geralmente chamada de cor de fundo) ou como uma cor radiante dentro do corpo da aura. Em seguida, são apresentados os significados das cores de fundo principais.

Vermelho

Vermelho denota potencial de liderança e é sempre uma cor poderosa. As pessoas com essa cor possuem um ego forte e um desejo de obter sucesso. Essa cor, muitas vezes, é moderada na infância, e somente atinge o seu potencial completo quando a pessoa que a possui aprende a se virar sozinha e a se tornar independente.

Laranja

Laranja é uma cor quente e acolhedora, encontrada na aura das pessoas que são intuitivas, respeitosas e fáceis de lidar. Essas são pessoas cuidadosas e práticas, que mantêm seus pés firmes no chão.

Amarelo

As pessoas com cor de fundo amarela são emotivas, motivadas e inconstantes. São pessoas gregárias e sociáveis, que adoram ter conversas longas com os outros. Elas são curiosas e gostam de aprender, mas normalmente preferem saber um pouco sobre muitos temas, em vez de aprender bastante sobre apenas um assunto.

Verde

Verde é uma cor tranquila, e as pessoas com essa cor de fundo são pacíficas, cooperativas, honestas e generosas. Elas são curadoras naturais. Parecem ser calmas e tranquilas, mas podem ser extremamente obstinadas quando sentem que é necessário.

Azul

As pessoas com azul como cor de fundo são naturalmente otimistas e motivadas. Apesar de terem muitos altos e baixos, como todo mundo, esse entusiasmo as mantém seguindo em frente, e elas sempre permanecem jovens de coração. São sinceras e generosas e, geralmente, expressam o que pensam.

Anil

Anil é uma cor relaxante, curadora e acolhedora; as pessoas com anil como cor de fundo costumam escolher profissões humanitárias. Gostam de ajudar os outros e são mais felizes quando estão na companhia das pessoas que elas amam. Apreciamser responsáveis pelos outros.

Violeta

As pessoas com violeta como cor de fundo se desenvolvem de forma interior e espiritual ao longo de suas vidas. Muitos indivíduos com essa cor de fundo tentam negar essa qualidade e consideram a vida difícil, até aceitarem o lado espiritual de suas naturezas.

Quando as pessoas começam a ver auras, elas normalmente enxergam um espaço quase transparente entre o corpo físico e a aura. Ele é chamado de duplo etérico, e se expande enquanto a pessoa está dormindo e se contrai quando ela está acordada. O duplo etérico parece ser um tipo de bateria que é recarregada à noite. Conforme uma pessoa obtém consciência da aura, ela pode ver que o duplo etérico, na verdade, tem uma cor acinzentada e constantemente tremula e se movimenta, e algumas vezes muda para uma ampla variedade de cores delicadas que se alteram com frequência.

O duplo etérico algumas vezes é chamado de aura da saúde, pois as doenças podem ser prontamente observadas nele. Médicos intuitivos podem muitas vezes ver os sinais de uma doença bem antes de uma pessoa saber que existe um problema. Essa pode ser uma informação extremamente útil, pois essas pessoas podem tomar providências para recuperar sua saúde antes de a situação se tornar grave.

Além do duplo etérico, a aura consiste em diversas camadas que são denominadas corpos sutis. Algumas vezes as cores deles variam. Os clarividentes costumam ver a aura como o duplo etérico, envolta por uma camada única com uma variedade de cores dentro dela. No entanto, a maioria das pessoas pode aprender a sentir pelo menos três dos corpos sutis, e curadores e pessoas extremamente intuitivas muitas vezes podem sentir as outras camadas, mesmo sem conseguir vê-las. Existem sete camadas:

1. O plano etérico físico.
2. O plano astral.
3. O plano mental inferior.
4. O plano mental superior.
5. O plano espiritual.
6. O plano intuitivo.
7. O plano absoluto.

Essas sete camadas se relacionam aos sete chacras, os centros energéticos localizados ao longo da espinha dorsal dentro da aura.

Chacras

A palavra "chacra" vem do termo em sânscrito para "roda". Os chacras são círculos giratórios de energia sutil, semelhantes a rodas dentro da aura. Eles absorvem energias mais elevadas e as alteram de uma forma que o corpo as possa utilizar. Consequentemente, eles desempenham um papel essencial na saúde física, mental e emocional de uma pessoa. Os sete chacras principais estão situados em diferentes locais ao longo da espinha dorsal e agem como baterias poderosas que energizam o corpo inteiro. Cada chacra está relacionado a um sistema físico e aos órgãos associados a ele. Sempre que um chacra está fechado, bloqueado ou desequilibrado, ele tem um efeito imediato na saúde dos órgãos aos quais está conectado. Quaisquer mudanças que recuperam e equilibram o chacra têm um efeito positivo imediato no corpo. Como o estresse, a frustração e a raiva afetam os chacras, é raro encontrar alguém com todos os sete chacras abertos e equilibrados.

O seu anjo da guarda pode ajudá-lo a manter os seus chacras bem equilibrados, a fim de garantir que você leve uma boa vida e progrida tanto quanto possível nesta encarnação.

Chacra Raiz

Às vezes chamado de chacra básico, o chacra raiz está situado na base da espinha dorsal, na área do cóccix. Ele mantém as pessoas firmemente enraizadas na terra. Esse chacra se refere à autopreservação, e oferece sensações de segurança, vitalidade, energia e conforto. Ele controla as nossas reações de lutar ou fugir. Oferece força, coragem e persistência, e simboliza sobrevivência e força vital. Em um nível físico, o chacra raiz cuida do sentido do olfato e das partes sólidas do corpo, como ossos, dentes e unhas.

Quando o chacra raiz está pouco estimulado, a pessoa se sente insegura e nervosa. Quando ele está muito estimulado, a pessoa se torna egocêntrica, arrogante e viciada em poder, dinheiro e gratificação sexual.

Invoque o seu anjo da guarda para auxiliá-lo a purificar quaisquer bloqueios energéticos, a fim de recuperar o seu chacra raiz, se você se sentir com medo, ansioso e pessimista. Seu anjo da guarda também o ajudará a ficar totalmente enraizado na terra. Em raras ocasiões, e apenas quando necessário, seu anjo da guarda invocará Uriel, o arcanjo da terra, para uma ajuda adicional.

Chacra Sacral

O chacra sacral está situado no abdômen inferior, aproximadamente cinco centímetros abaixo do umbigo. Esse chacra representa a criatividade, o equilíbrio emocional e a sexualidade. Ele estimula esperança, otimismo e positividade. Também se associa ao sentido do paladar. Quando o chacra sacral está bem equilibrado, a pessoa se relaciona facilmente com os outros.

Quando o chacra sacral está pouco estimulado, a pessoa fica propensa a sofrer de artrite, problemas urinários ou disfunção sexual, todos acompanhados por perda de poder pessoal. Quando ele está muito estimulado, a pessoa se torna agressiva, inescrupulosa e excessivamente autoindulgente.

Você pode invocar o seu anjo da guarda para restaurar o seu chacra sacral, se precisar de ajuda para adquirir mais confiança em si mesmo e nas suas habilidades. O seu anjo também o auxiliará a eliminar as energias negativas de que você não precisa mais. Quanto mais acreditar em si mesmo, mais criatividade e amor fluirão por seu corpo, por sua mente e por sua alma.

Chacra do Plexo Solar

O chacra do plexo solar está situado entre o umbigo e o esterno. Ele proporciona poder pessoal, confiança, afeto, felicidade e amor-próprio. Também se associa a uma boa digestão e a uma sensação de bem-estar físico. Além disso, ele se relaciona aos olhos, o que não é uma surpresa, já que tudo parece mais brilhante quando você está se sentindo contente e feliz. Em um nível emocional, o chacra do plexo solar fortalece a criatividade, a confiança, a segurança, a positividade e o autorrespeito. No entanto, se a pessoa tem uma perspectiva negativa em relação à vida, sentimentos de raiva, hostilidade e agressão tendem a ser intensificados.

Quando o chacra do plexo solar está pouco estimulado, a pessoa sente que está perdendo o controle sobre o que está acontecendo em sua vida. Quando está muito estimulado, a pessoa se torna uma *workaholic* excessivamente exigente, sem humor e perfeccionista.

Invoque o seu anjo da guarda para ajudá-lo a se manter positivo, calmo e compassivo em todos os tipos de situações. Seu anjo guardião atuará em seu chacra do plexo solar para auxiliá-lo a obter paz interior, tranquilidade, sabedoria e compreensão.

Chacra Cardíaco

O chacra cardíaco está no centro do peito, alinhado com o coração. Ele se relaciona a todos os tipos de amor, compreensão compassiva, empatia, cura e à sensação de toque. Ele intensifica a compaixão, a autoaceitação e o respeito a todos. Se esse chacra está bem equilibrado, a pessoa se torna acolhedora e encorajadora, e fica em contato com seus sentimentos.

Se o chacra cardíaco está pouco estimulado, a pessoa se torna excessivamente sensível e compassiva, e sente medo e pena de si mesma. A maioria dos codependentes possui chacras cardíacos pouco estimulados. Quando esse chacra está muito estimulado, a pessoa se torna possessiva, egoísta, controladora e mal-humorada.

Você pode pedir para o seu anjo da guarda atuar no seu chacra cardíaco e preenchê-lo com amor e luz, bem como permitir que você ame e respeite a si mesmo. O seu anjo o ajudará a recuperar a harmonia e a paz sempre que houver discórdia na sua vida.

Chacra Laríngeo

O chacra laríngeo está situado no pescoço, no nível da garganta. Ele se relaciona à expressão pessoal e à comunicação, principalmente a comunicação verbal. Ele busca a verdade e intensifica o idealismo, a compreensão e o amor. Quando o chacra laríngeo está equilibrado, a pessoa se torna contente, tem paz de espírito, possui uma fé forte, e é bondosa e atenciosa com os outros.

Quando o chacra laríngeo está pouco estimulado, a pessoa se torna receosa, fraca, não confiável, reservada e introvertida. Quando ele está muito estimulado, a pessoa se torna egocêntrica, inflexível, autoritária e sarcástica.

Invoque o seu anjo da guarda para ajudá-lo a expressar a sua verdade atuando em seu chacra laríngeo. O seu anjo o auxiliará a eliminar dúvidas e medos, escolher suas palavras com cuidado, ser bondoso e gentil com as pessoas que você encontra, e evitar fofocas e qualquer crítica injustificada.

Chacra Frontal

O chacra frontal ou chacra do terceiro olho está situado na testa, logo acima das sobrancelhas. Esse chacra se refere às questões psíquicas e espirituais. Ele controla a mente e cuida dos outros chacras. No nível emocional, ele torna as pessoas cientes de sua natureza espiritual e permite a elas captar os pensamentos, os sentimentos e até mesmo as intuições dos outros.

Quando o chacra frontal está pouco estimulado, a pessoa se torna nervosa, retraída, não assertiva e propensa a ter cefaleia tensional. Quando ele está muito estimulado, a pessoa se torna autossatisfeita, autoritária, controladora e inflexível.

Invoque o seu anjo da guarda para atuar em seu chacra frontal, a fim de permitir que você desenvolva seus dons espiritual e intuitivo em benefício de toda a humanidade. O seu anjo o ajudará a perdoar os outros, e a sentir paz e contentamento.

Chacra Coronário

O chacra coronário está situado na parte de cima da cabeça. Os artistas, em várias ocasiões, pintam o chacra coronário como um halo ao redor da cabeça das pessoas que são espiritualmente evoluídas. O chacra coronário estabiliza e harmoniza os lados muitas vezes conflitantes das nossas naturezas. Ele permite às pessoas obterem percepção espiritual e compreenderem a interconectividade de todas as coisas vivas. O chacra coronário não pode ser ativado até todos os outros chacras estarem em equilíbrio. Quando equilibrado, a pessoa terá iluminação e adquirirá uma sensação de estar unida a todo o universo.

Quando o chacra coronário está pouco estimulado, a pessoa se torna taciturna, reservada e incapaz de desfrutar das alegrias da vida. Quando ele está muito estimulado, a pessoa se sente incompleta, deprimida, crítica e destrutiva. Ela se torna propensa a sofrer de enxaquecas.

Peça para o seu anjo da guarda atuar em seu chacra coronário para proporcionar clareza, compreensão, inspiração e positividade aos seus pensamentos. Você também pode pedir para ele ajudá-lo a receber amor, sabedoria, compreensão e comunicação do Divino.

Como Equilibrar Seus Chacras com o Seu Anjo da Guarda

No capítulo 3, nós abordamos o uso de um pêndulo para estabelecer contato com o seu anjo da guarda. Você pode usar o mesmo pêndulo para eliminar qualquer negatividade nos seus chacras. Tudo o que precisa é de seu pêndulo, caneta e papel, um copo e um suprimento de água.

1. Suspenda seu pêndulo e pergunte se o seu chacra raiz está com boa saúde. Se a resposta for positiva, você pode seguir em frente e fazer a mesma pergunta sobre o seu chacra sacral. Se a resposta for negativa, escreva isso no seu pedaço de papel. Continue fazendo essa mesma pergunta sobre cada um dos chacras, registrando uma lista com o nome dos chacras que estão desequilibrados.

2. Após analisar todos os sete chacras, você precisa determinar qual dos chacras que deram a resposta "não" é o mais negativo. Segure o seu pêndulo em cima do nome de cada chacra escrito na sua folha de papel e pergunte se o chacra é o mais negativo. Registre o resultado e continue perguntando até ter estabelecido a ordem de negatividade dos chacras negativos.

3. Antes de avançar, faça duas perguntas ao seu pêndulo: "Qual movimento indica energias negativas?"; e "Qual movimento indica energias positivas?". Após ter feito isso, encha um copo com água.

4. Repouse seu pêndulo, feche os olhos e peça para o seu anjo da guarda se juntar a você, pois você precisa harmonizar e equilibrar os seus chacras. Abra os olhos e diga "obrigado" quando sentir a presença do seu anjo.

5. Pegue seu pêndulo e coloque os dedos da sua outra mão no copo d'água. Suspenda o pêndulo em cima do nome do chacra mais negativo e peça para ele eliminar toda a negatividade desse chacra. O pêndulo começará a se movimentar na direção que indica energias negativas. Esse é um sinal de que o seu anjo da guarda e o seu pêndulo estão eliminando toda a negatividade do chacra afetado. Visualize a negatividade subindo pelo pêndulo, passando pela sua mão e pelo seu braço, atravessando o seu peito e descendo pelo seu outro braço até o copo d'água. Tire os dedos da água quando o pêndulo parar de se movimentar na direção negativa. Lave as suas duas mãos em água corrente. Esvazie o copo d'água e lave-o bem antes de enchê-lo novamente.

6. Repita o passo 5 com o segundo chacra mais afetado e continue o processo até todos os chacras com negatividade terem sido tratados.

7. Agora, repita o passo 1 para ter certeza de que a negatividade foi eliminada de todos os chacras afetados e de que eles estejam em equilíbrio agora. Algumas vezes, você descobrirá que nem toda a negatividade foi embora e que precisará repetir o processo de eliminá-la (começando pelo passo 5). Os chacras não estão equilibrados até todos os sete darem a você um resultado positivo.

8. O último passo é pedir para o seu anjo da guarda preencher cada célula do seu corpo com energia de cura. Suspenda o seu pêndulo à sua frente e feche os olhos enquanto o seu anjo da guarda faz isso. Como o verde é considerado uma cor de cura, eu visualizo o meu anjo da guarda preenchendo a mim, e ao ambiente em que estou, com uma energia verde pura. Não faz diferença o que você visualizar, desde que sinta que o seu anjo da guarda o está preenchendo com energia de cura positiva. Quando você se sentir pronto para abrir os olhos, pergunte ao seu pêndulo se os seus chacras foram restaurados ao seu estado normal de vibração e saúde. Faça uma pausa por aproximadamente dez segundos e, então, abra os olhos. Seu pêndulo se movimentará na direção positiva dele, a fim de que você saiba que o equilíbrio dos chacras foi bem-sucedido.

9. Agradeça ao seu anjo da guarda por ajudá-lo a restabelecer os seus chacras e aborde qualquer assunto que quiser com o seu anjo. Diga "obrigado" novamente e continue com o seu dia.

Após o equilíbrio dos chacras, você deve se sentir revitalizado e repleto de energia. Algumas pessoas se sentem emotivas em seguida, o que não é surpreendente, pois fatores emocionais muitas vezes estão por trás de bloqueios nos chacras.

- **Chacra raiz:** insegurança, autoquestionamento e estar preso a dificuldades do passado.

- **Chacra sacral:** egocentrismo, egoísmo e dificuldades de se comunicar de maneira eficaz com os outros.

- **Chacra do plexo solar:** baixa autoestima e sensações de impotência e desesperança.

- **Chacra cardíaco:** problemas para expressar as emoções e falta de empatia e compaixão.

- **Chacra laríngeo:** frustração e incapacidade de expressar os sentimentos mais profundos.

- **Chacra frontal:** incapacidade de aceitar o mundo como ele é; passar a maior parte do tempo em um mundo de fantasia irreal.

- **Chacra coronário:** inflexibilidade, teimosia e isolar-se dos outros.

Se você está se sentindo apreensivo e preocupado em relação à sua saúde, entre em contato com o seu médico. Algumas pessoas acham difícil equilibrar os seus chacras, porque seus problemas de saúde podem anular os movimentos do pêndulo. Se passar por isso, peça para outra pessoa equilibrar os seus chacras para você. Você pode usar o mesmo método apresentado anteriormente para equilibrar os chacras de outra pessoa. Comece pedindo para o seu anjo da guarda perguntar para o anjo guardião da outra pessoa se ele está contente de o equilíbrio dos chacras ser realizado. Eu não consigo me recordar de algum exemplo no qual a permissão não tenha sido concedida, mas é importante perguntar de qualquer forma. Presumindo que você receba uma resposta positiva, peça para a pessoa se deitar, a fim de que possa suspender o pêndulo em cima de cada chacra dela e reequilibrá-los.

Como Harmonizar Seus Chacras

O método a seguir também serve para harmonizar e equilibrar os seus chacras usando o seu pêndulo. Como ele pode ser realizado em questão de minutos, é um exercício útil para começar o seu dia.

Copie o texto a seguir em uma folha de papel ou em um papel-cartão. Você pode modificar ou mudar o roteiro se desejar, a fim de adequá-lo às suas necessidades. Eu laminei o meu texto para proteção, pois realizo este breve ritual todos os dias. Peça para o seu anjo da guarda abençoar o ritual. Segure o seu pêndulo em cima da folha de papel e permita que ele gire no sentido horário enquanto você lê ou diz as palavras do roteiro.

"Peço para a Força Vital Universal e para os anjos me guardarem e me protegerem o dia todo, não importa o que eu faça ou para onde eu vá. Peço a sua proteção em casa, no trabalho e enquanto estou me deslocando de um lugar para o outro. Peço que a honestidade, a integridade e a harmonia façam parte de tudo aquilo em que eu estiver envolvido hoje e que eu mantenha uma perspectiva positiva em todas as situações nas quais me encontrar.

Também peço que o meu sistema de chacras permaneça em perfeito equilíbrio e harmonia ao longo do dia e me ajude em todas as situações, pelo bem maior de todos os envolvidos.

Peço que as minhas atividades de hoje beneficiem a todos com quem eu entrar em contato, e que a minha aura permaneça brilhante, vibrante e repleta de energia durante todo o dia.

Permito que o meu pêndulo continue a fazer círculos no sentido horário até que os meus chacras estejam equilibrados; toda a negatividade foi eliminada do meu corpo; e todos os medos, as dúvidas e as preocupações se dissiparam e desapareceram. Obrigado, Força Vital Universal e todos os anjos, incluindo o meu anjo da guarda, por todas as bênçãos na minha vida."

Quando terminar de ler o roteiro, continue segurando o seu pêndulo até ele parar ou mudar de direção. É importante que você não pare logo após ter terminado de dizer as palavras, pois pode levar um tempo para as ideias serem aceitas. Quando o seu pêndulo parar ou mudar de direção, agradeça a ele e prossiga com o seu dia.

Como Transmitir Amor com Seu Anjo da Guarda

Este é um exercício útil, que você pode usar para transmitir amor para uma pessoa específica, um grupo de indivíduos ou até mesmo para o mundo tudo. Você pode querer transmitir amor para as pessoas que estão doentes no hospital ou para aquelas que trabalham em profissões perigosas. Pode transmitir amor para os seus colegas de trabalho. Pense também sobre transmitir amor para pessoas de quem você não gosta, para animais de estimação e outros animais e, até mesmo, para as plantas no seu jardim. Não há limite para onde você pode transmitir o seu amor.

Gosto de praticar este exercício ao ar livre em um dia agradável. Sempre que possível, escolho um lugar bonito no qual é pouco provável que eu seja interrompido. Quando isso não é possível, praticar este exercício em um lugar fechado é tão eficaz quanto ao ar livre.

1. Fique em pé com as pernas ligeiramente afastadas e os braços soltos um de cada lado. Respire lenta e profundamente por três vezes, segurando cada inspiração por alguns segundos antes de expirar lentamente.

2. Feche os olhos. No olho da sua mente, visualize a si mesmo o mais claramente possível. Quando você tiver feito isso, visualize cores que irradiam de todos os seus sete chacras.

3. Concentre-se no seu chacra raiz, na base da sua espinha dorsal, e peça para o seu anjo da guarda ajudá-lo a se tornar totalmente enraizado na terra. "Veja" uma corrente de energia poderosa irradiando até o chão abaixo de você, conforme o seu anjo estabelece uma conexão. Você sabe que ela continua profundamente na terra, proporcionando-lhe uma forte sensação de confiança, conforme percebe que está totalmente enraizado.

4. Quando você visualizar essa poderosa conexão ligando você a terra, direcione a sua atenção para o seu chacra coronário, na parte de cima da sua cabeça. Peça para o seu anjo da guarda conectá-lo com a energia divina. Quase imediatamente, você "vê" uma reserva de energia ilimitada flutuar no ar a cerca de 60 centímetros acima do seu chacra coronário. Conforme observa, a energia escorre dessa reserva e preenche o seu chacra coronário com energia divina.

5. Peça para o seu anjo da guarda preencher cada um dos seus chacras com energia radiante e sorria conforme você "vê" cada chacra começar a reluzir com um brilho incrível.

6. Agora que você está totalmente enraizado, estabeleceu uma conexão com o Divino e recarregou os seus chacras, peça para o seu anjo da guarda ajudá-lo a transmitir amor para quem você quiser.

7. Todo o seu corpo parece se iluminar conforme você começa a irradiar amor puro em todas as direções. No olho da sua mente, você se vê como um farol alto e colorido que continuamente obtém energia, conforme transmite amor externamente. Você e o seu anjo da guarda podem rir de alegria, à medida que você continua a irradiar amor de todos os seus chacras.

8. Quando sentir que é o momento de parar, agradeça ao seu anjo da guarda e observe as irradiações externas diminuírem. Mais uma vez, você é capaz de se ver no olho da sua mente como estava antes de ter começado o exercício.

9. Agradeça ao seu anjo da guarda de novo e despeça-se. Quando você se sentir pronto, respire lenta e profundamente por três vezes e abra os olhos.

Com a prática, descobrirá que pode realizar este ritual de forma rápida e fácil onde quer que esteja. Por exemplo, você pode ler um artigo sobre o desmatamento da floresta amazônica e, com a ajuda do seu anjo da guarda, transmitir imediatamente amor e cura para ela.

Crescimento Espiritual com o Seu Anjo da Guarda

Sempre foi difícil definir a espiritualidade. Basicamente, ela é a crença de que os seres humanos possuem uma alma e estão intimamente conectados ao Divino. Nos últimos 50 anos, a frase "espiritual, mas não religioso" se tornou popular, demonstrando que cada vez mais pessoas estão encontrando seu próprio caminho espiritual para o Divino.

O crescimento espiritual envolve abrir a sua mente e se tornar ciente de que você faz parte do Divino. Isso significa que a sua alma é uma parte inseparável do Divino, e que você é um espírito que vive atualmente dentro de um corpo. Você não é apenas um corpo, uma mente e um ego, mas também algo muito maior e mais grandioso do que todas essas coisas. Você é uma alma imortal. Também faz parte da mesma mente universal que concede vida a todas as plantas, aos seres e à humanidade.

O mundo material também é importante; é onde vivemos atualmente. O propósito desta encarnação é obtermos conhecimento e sabedoria, desenvolvermos nossos talentos e habilidades o máximo que pudermos, além de aperfeiçoarmos as qualidades que trarão benefício para a nossa alma, como honestidade, amor e humildade. Para alcançar isso, precisamos da ajuda do mundo espiritual.

O seu anjo da guarda quer ajudá-lo a embarcar em uma jornada de autodescoberta e a se desenvolver espiritualmente. Fazer isso o tornará mais compassivo e compreensivo. Você se tornará mais bondoso e solidário. Obterá paz de espírito. A sua vida ficará repleta de significado e propósito. Você alcançará uma conexão mais próxima com o Divino. Existem muitas formas de se desenvolver espiritualmente:

1. Ler livros de pessoas que estão mais avançadas nesta jornada lhe oferecerá muito sobre o que pensar. Converse com seu anjo da guarda sobre o que você leu.

2. Aprender como meditar lhe concederá acesso à paz e à tranquilidade constantemente.

3. Rezar com frequência. A maioria das orações é de súplica, nas quais a pessoa pede ao Divino ajuda ou algum outro benefício. Orações contemplativas, muitas vezes chamadas de "orações do coração", envolvem esperar silenciosamente e escutar as mensagens do Divino. Na realidade, essa é uma combinação de oração e meditação.

4. Levar a sua vida da forma mais positiva possível. Isso envolve ser honesto, bondoso, paciente, tolerante, compreensivo e misericordioso.

5. Assumir o controle de seus pensamentos e sentimentos. Sempre que você se deparar tendo pensamentos negativos, mude-os e substitua-os por pensamentos positivos. O filósofo escocês-canadense Sydney Banks (1931-2009) disse que, em qualquer momento, nós todos estamos a apenas um pensamento de distância de sermos felizes ou tristes.

Conforme cresce e progride espiritualmente, você aprende uma grande quantidade de informações que serão novas para si mesmo. Com sorte, a maior parte delas será útil, mas algumas podem ser equivocadas ou negativas. Algumas podem até mesmo incentivá-lo a ir para a direção errada ou impedi-lo de seguir seu verdadeiro propósito. Como essas informações falsas podem vir de qualquer lugar, você precisa tomar cuidado. Felizmente, você pode perguntar para o seu anjo da guarda se alguma informação que receber é benéfica para si. Eu normalmente pergunto: "Esta informação está em harmonia com o meu bem maior?". Seu anjo da guarda lhe dará uma resposta positiva ou negativa, bem como uma razão para essa resposta específica.

Exercício das Três Respirações

Este exercício simples pode ser feito em questão de segundos, em qualquer lugar e em qualquer momento. Tudo o que você precisa fazer é interromper o que quer que esteja fazendo, pedir para o seu anjo da guarda se juntar a você e respirar lentamente por três vezes. A cada respiração, tenha um pensamento ou uma afirmação positivos. Você pode, por exemplo, dizer para si mesmo: "Eu sou otimista e feliz" na primeira respiração; "Eu estou tranquilo e calmo" na segunda respiração; e "Eu perdoo a mim mesmo e a todos que já me feriram" na terceira respiração. Agradeça ao seu anjo da guarda e prossiga com o que quer que esteja fazendo.

Sempre que possível, feche os olhos enquanto estiver praticando o Exercício das Três Respirações. Você ficará agradavelmente surpreso com a diferença que algumas respirações lentas e conscientes, acompanhadas por pensamentos positivos, podem realizar na sua vida.

Observação Reflexiva

Os dicionários definem a contemplação como uma "observação reflexiva". Por milhares de anos, as pessoas usaram a contemplação para obter sabedoria e uma conexão mais próxima com o Divino. A contemplação não é a mesma coisa que o pensamento; enquanto você está contemplando, a sua mente está calma e relaxada, e, nesse estado meditativo, você é capaz de observar, refletir e ponderar sobre algo. Como a contemplação se baseia nas suas emoções e na sua intuição, bem como na sua mente, ela pode lhe conceder acesso a informações que nunca obteria de outra forma. A contemplação pode ajudá-lo a descobrir o que o seu coração e a sua alma estão tentando lhe dizer.

Você pode usar a contemplação para obter respostas a todos os tipos de perguntas. Pode fazer perguntas simples, como: "O que eu posso fazer para hoje ser um dia maravilhoso?". Também pode fazer perguntas muito mais difíceis, como: "Eu devo persistir em meu casamento complicado?".

Você também pode usar a contemplação para se desenvolver espiritualmente. Essa é uma excelente maneira de estudar textos espirituais, pois lhe permite apreciar e compreender totalmente o que o escritor tem a dizer. Você pode contemplar uma única frase ou um livro inteiro, dependendo da quantidade de tempo que tiver à sua disposição. A melhor forma de começar é escolher uma breve citação sobre anjos, espiritualidade ou alma. Você pode se deparar com a frase perfeita por acaso. De modo alternativo, pode encontrá-la em livros ou na internet. Seguem alguns exemplos:

> "Você não tem uma alma. Você é uma alma. Você tem um corpo." – C. S. Lewis (1898-1963), *Cristianismo Puro e Simples*

> "Então, tenha piedade, para não afastar um anjo da sua porta." –William Blake (1757-1827), *Quinta-feira Santa*

> "Não vos esqueçais de hospedar estrangeiros, porque, desse modo, alguns hospedaram anjos sem saberem" – Hebreus 13:2

> "Pois ele dará a seus anjos ordem a teu respeito, para te guardarem em todos os teus caminhos" – Salmos 91:11

> "Bons pensamentos produzirão boas ações, e maus pensamentos produzirão más ações. Ódio nunca é cessado com ódio; ódio é cessado com amor." – Buda

"Com apenas o silêncio como bênção

Os anjos de Deus vêm

Onde, à sombra de uma grande aflição,

A alma fica muda."

— James Greenleaf Whittier (1807-1892), em uma carta para um amigo cuja irmã faleceu

Exercício de Contemplação Espiritual

1. Comece escolhendo uma frase ou citação curta que o agrade.
2. Sente-se em uma cadeira confortável e peça para o seu anjo da guarda ajudá-lo com este exercício de contemplação.
3. Leia a passagem que você escolheu e feche os olhos. Respire lenta e profundamente por três vezes e permita que o seu corpo relaxe.
4. Abra os olhos e leia a passagem novamente. Feche os olhos e permita que as palavras que você acabou de ler entrem em cada célula do seu corpo. Preste atenção em seu corpo físico e torne-se ciente dos efeitos que essas palavras têm, principalmente no seu coração e na sua garganta. Torne-se ciente de quaisquer sensações que possa ter nos seus chacras. Peça para o seu anjo da guarda ajudá-lo a determinar todos os efeitos que as palavras estão tendo no seu corpo, na sua mente e no seu espírito.
5. Pense nas palavras que você acabou de ler e se pergunte: "O que elas significam para mim?". Demore quanto tempo for preciso para avaliar as palavras.
6. Se necessário, abra os olhos e leia as palavras mais uma vez. Depois de fazer isso, feche os olhos, respire lenta e profundamente por mais três vezes e pergunte de novo o que as palavras significam para si mesmo. Você pode repetir esta etapa quantas vezes desejar.

7. Quando você sentir que absorveu todo o conhecimento possível das palavras, agradeça ao seu anjo da guarda por ajudá-lo, conte lentamente de um a cinco e abra os olhos.
8. Assim que possível, depois de ter realizado este exercício, escreva todos os pensamentos e as percepções que vieram até você enquanto estava contemplando.

Conheci algumas pessoas que tiverem bons resultados com a contemplação espiritual logo na primeira vez em que a praticaram. Não tive tanta sorte; demorou vários meses para eu começar a ter bons resultados. Não desista se você achar frustrante ou difícil quando praticar a contemplação pela primeira vez, pois ela responderá a muitas das suas perguntas espirituais e ajudará no seu crescimento espiritual.

O Ritual do Anjo da Guarda para se Livrar da Bagagem Emocional

Todos nós carregamos conosco uma bagagem do passado a todos os lugares para onde vamos. Algumas pessoas carregam mais bagagem do que outras. Uma conhecida minha passa metade de sua vida se desculpando, pois ela se sente culpada por praticamente tudo. A seguir, são apresentadas algumas perguntas que você deve se fazer e que lhe darão uma ideia de quanta bagagem emocional negativa está carregando atualmente:

- Você tem algum arrependimento?
- Você pensa incessantemente sobre os seus erros?
- Você tem medos, dúvidas e preocupações?
- Você já se sentiu uma vítima?
- Você leva as críticas para o lado pessoal?
- Você tem sentimentos de culpa?
- Você constantemente revive momentos nos quais alguém disse ou fez algo cruel ou doloroso para você?

Em caso afirmativo, este ritual para se livrar da bagagem emocional será útil e libertador para você.

Essas perguntas revelam apenas alguns exemplos da bagagem emocional que todo mundo carrega consigo. Isso é causado pela forma como você se sente sobre as experiências que ocorreram no passado. Essa bagagem pode ser devastadora, drenar a sua autoestima e a sua energia, além de dificultar ainda mais a realização dos seus sonhos. A bagagem emocional pode até mesmo causar dor física. Não seria incrível se livrar de todas essas emoções negativas e começar a viver uma vida próspera e feliz? Com a ajuda do seu anjo da guarda, você pode fazer isso.

Este ritual pode ser realizado em alguns minutos, onde quer que você esteja. Como todos nós criamos uma nova bagagem para nós mesmos constantemente, é excelente poder realizar este ritual com frequência. Embora eu regularmente realize uma versão rápida do ritual, prefiro passar cerca de 20 minutos fazendo este ritual sempre que possível, começando com a Invocação de Proteção Angélica. Isso significa que estou cercado e protegido pelos quatro grandes arcanjos enquanto elimino toda a bagagem indesejada. Recomendo que você faça isso dessa forma também, principalmente quando começar a realizar este ritual. Quando se tornar familiarizado com ele, perceberá que pode fechar os olhos e fazer o ritual sempre que tiver alguns minutos livres.

1. Crie um círculo mágico e comece a realizar a Invocação de Proteção Angélica do capítulo 3.

2. Sente-se de maneira confortável em uma cadeira com encosto reto no centro do seu círculo mágico. Certifique-se de que o ambiente esteja agradavelmente quente. É difícil realizar um ritual se você estiver se sentindo desconfortavelmente com frio ou se estiver transpirando quando a temperatura está muito elevada.

3. No olho da sua mente, visualize-se sentado de modo confortável com os olhos fechados. Respire lenta e profundamente

por três vezes e, então, relaxe de forma consciente todos os músculos do seu corpo. Após ter feito isso, examine mentalmente o seu corpo para se certificar de que esteja relaxado por completo. Concentre-se em quaisquer áreas que ainda não tenham sido totalmente relaxadas, até elas se soltarem.

4. Após você confirmar que esteja totalmente relaxado, peça para o seu anjo da guarda ajudá-lo a se livrar de toda a bagagem que o está retraindo. O seu anjo da guarda está sempre com você, e conseguirá sentir isso quando conversar diretamente com o seu anjo. Sinta a presença dele e, em sua imaginação, estenda um de seus braços. Sinta o seu anjo segurando-o e puxando-o cuidadosamente. Você pode "ver" o seu anjo da guarda pelo olho da sua mente. Quando você sentir o movimento de ser puxado, visualize o seu anjo guardião conduzindo-o cuidadosamente pelo ar. Essa é uma sensação maravilhosa, pois você estará flutuando no ar. Para a sua surpresa, você passa pelo telhado do imóvel em que está e começa a ascender cada vez mais no ar. Você para de se mover quando o seu anjo solta o seu braço e relaxa ainda mais, conforme desfruta da sensação de estar flutuando levemente no ar.

5. Seu anjo da guarda telepaticamente lhe diz que você precisa se visualizar da maneira como você é hoje em dia e, então, se imaginar aos poucos mudando de forma e se transformando em um enorme novelo de lã. Você tem uma sensação de entusiasmo enquanto sente isso acontecer. Agora, você é um enorme novelo de lã flutuando no céu.

6. Seu anjo da guarda lhe diz para você perceber que o novelo não é liso e redondo, e que existem fios de lã se desenrolando em todas as direções. O seu anjo lhe diz que cada fio está ligado a um pedaço de bagagem emocional que você está carregando consigo.

7. Enquanto você está se visualizando como um enorme novelo de lã flutuando no espaço, o seu anjo da guarda lhe mostra uma grande tesoura e lhe diz que ele vai cortar todos os fios de lã, para que o novelo fique quase perfeitamente redondo,

embora ele possa não ficar completamente redondo. O seu anjo não cortará as bagagens que se relacionam à sua família imediata, pois essas são questões cármicas que você precisará trabalhar por si mesmo.

8. Seu anjo da guarda espera alguns minutos para ter certeza de que você entendeu o que está acontecendo e, então, começa a cortar os fios de lã. Isso acontece na velocidade da luz, e você mal pode ver a tesoura se movimentar enquanto os fios de lã são cortados, soltando mais e mais bagagem emocional a cada corte. O seu anjo da guarda circula ao seu redor diversas vezes, até você se tornar um novelo de lã quase completamente redondo e liso.

9. Seu anjo da guarda continua a circular ao seu redor e se certifica de que toda a bagagem indesejada foi eliminada. Quando fica satisfeito, o seu anjo lhe diz que você está voltando para o seu eu cotidiano normal, mas que se sentirá mais leve do que antes, pois se livrou de toda a bagagem que estava exercendo um peso sobre você.

10. Sinta-se gradativamente voltando ao seu tamanho e à sua forma normais. Apesar de você estar flutuando no ar, pode perceber quão mais leve e mais feliz está. Depois de alguns instantes, o seu anjo da guarda segura o seu braço de novo, e você começa a descer de volta para a sua cadeira confortável no chão. Essa é uma sensação tão tranquila e relaxante que você sente que poderia simplesmente continuar a flutuar para sempre. O seu anjo solta o seu braço quando você está sentado de modo confortável na sua cadeira novamente.

11. Visualize seu anjo da guarda parado diante de você, pedindo-lhe para se perdoar de todo o mal que causou não intencionalmente a si mesmo.

12. Então, seu anjo lhe diz que existe uma etapa final que você pode ou não querer realizar neste momento. Você está disposto a perdoar todos que foram responsáveis – consciente ou inconscientemente – pelo momento desencadeador que

fez com que a bagagem emocional se formasse? Seu anjo da guarda sugere que você transmita amor incondicional a todos que já lhe causaram dor ou sofrimento. Seu anjo sorri gentilmente, e lhe dá tempo suficiente para pensar sobre essa pergunta e responder a ela. Quando você tiver respondido a essa pergunta, sentirá seu anjo cercando-o com amor. Agradeça sinceramente ao seu anjo da guarda e despeça-se dele. Apesar de seu anjo da guarda ter encerrado o ritual, você sabe que ele ainda está com você.

13. Passe um ou dois minutos relaxando silenciosamente, e desfrutando do sentimento de leveza e felicidade no seu corpo. Quando você se sentir pronto, conte lentamente de um a cinco, abra os olhos, alongue-se e levante-se.

14. Se você realizou o ritual completo com a Invocação de Proteção Angélica, agradeça aos quatro grandes arcanjos e despeça-se deles um de cada vez.

Não se apresse para seguir com a sua vida cotidiana depois de ter finalizado o ritual. Passe alguns minutos pensando sobre o que você acabou de realizar e, depois, coma e beba algo. Você, então, estará pronto para retornar à sua vida normal novamente, sentindo-se mais leve e mais feliz do que antes.

Como todos nós carregamos uma bagagem indesejada ao longo da vida, é melhor realizar este ritual com frequência.

Quando você eliminar a sua bagagem indesejada, descobrirá que também é proveitoso trabalhar com as crenças limitantes que possa ter, pois elas muitas vezes atuam juntas.

Crenças Limitantes

Todo mundo enfrenta dificuldades ao progredir ao longo da vida. Até mesmo pessoas que parecem passar pela vida com poucos problemas podem ter de lidar com dificuldades financeiras, problemas de relacionamento, contratempos de saúde, frustrações na carreira e outras adversidades ao longo do caminho. Algumas pessoas afortunadas são capazes de resolver seus problemas sem muitas complicações. No entanto, a maioria delas possui uma área da vida com a qual luta constantemente – não importa o que elas façam ou o quanto se esforcem, nada parece funcionar.

Essas pessoas são propensas a ter crenças subconscientes profundamente arraigadas, que as restringem, limitam suas vidas e as impedem de desfrutar da vida plena e feliz que deveriam estar vivendo. Essas crenças limitantes são pensamentos e opiniões que muitas vezes têm origem na primeira infância. Uma pessoa que cresceu em uma família bondosa e acolhedora acreditará que é amada e querida, enquanto uma criança que é maltratada pode desenvolver uma crença de que é desmerecedora, indesejada e indigna. Por exemplo, uma criança cujos pais constantemente dizem: "Dinheiro não cresce em árvore" e "Não temos dinheiro para isso" é propensa a desenvolver pensamentos negativos sobre dinheiro e sucesso. Todas as crianças recebem diversas crenças na primeira infância. Algumas delas serão positivas e motivadoras, mas outras serão desenvolvidas como mecanismos de proteção para blindar a pessoa da dor.

Os pensamentos controlam as emoções, e as emoções, por sua vez, controlam o comportamento. Por exemplo, se você rompeu um relacionamento de uma forma ruim quando era jovem, pode começar a pensar negativamente sobre os relacionamentos em geral e, de maneira subconsciente, decidir que todos os seus relacionamentos serão dolorosos e difíceis. Como agora você acredita que esse é o caso, você subconscientemente fará com que isso se torne realidade. Isso mostra o poder dos seus pensamentos e quão importante é ser gentil consigo mesmo.

Crenças limitantes são criadas de diversas outras formas, além de pelos pais. Elas podem surgir das experiências do início da vida de uma pessoa ou de padrões e expectativas sociais com os quais a pessoa acha difícil viver de acordo. Elas podem ser causadas por um medo de fracassar em algo que os colegas da pessoa conseguem fazer. Os comentários de figuras de autoridade, como pais, outros familiares, líderes espirituais, entre outros, podem criar crenças limitantes. Os comentários de grupos de colegas frequentemente levam também a esse tipo de crença. As religiões desempenham um papel importante na criação de crenças limitantes, pois a pessoa pode achar difícil viver de acordo com as atitudes e os ensinamentos de uma determinada religião.

Felizmente, é possível mudar as crenças limitantes. Quando estava no ensino médio, o meu professor de francês me disse que eu era uma negação em línguas. Como ele estava em uma posição de autoridade, aceitei o que ele falou e acreditei que nunca aprenderia línguas estrangeiras. Mais de 30 anos depois, passei uma semana na Feira do Livro de Frankfurt, na Alemanha. Como não falava nada de alemão, e meu orçamento era limitado, tive de comer no McDonald's, onde podia simplesmente apontar para o grande cardápio para pedir as minhas refeições. Quando decidi retornar para a feira do livro no ano seguinte, estava determinado a não fazer todas as minhas refeições novamente no McDonald's. Alguns meses antes de eu voltar para Frankfurt, comprei algumas fitas e um livro introdutório sobre alemão. Descobri que aprender uma nova língua não era tão difícil quanto esperava que fosse. Na verdade, para a minha surpresa, descobri que era bom em aprender uma língua estrangeira. A minha crença autolimitante sobre línguas desapareceu assim que eu percebi que ela estava errada. Com a ajuda do meu anjo da guarda, desde então eliminei outras crenças que estavam me restringindo.

O primeiro passo é descobrir a quais crenças autolimitantes você está se prendendo. As crenças mais comuns se relacionam a:

- Medo de rejeição.
- Medo de não ser bom o suficiente.
- Medo de fracassar.
- Medo de ter sucesso.
- Medo de ser indigno.
- Não se sentir merecedor.
- Medos sobre dinheiro.
- Medos sobre ser muito jovem ou muito velho.
- Medos sobre o que as outras pessoas podem pensar.

Antes de você conseguir eliminar as suas crenças limitantes, precisa saber quais são elas. Comece fazendo uma lista de todas as suas crenças para determinar quais delas o estão ajudando e quais o estão restringindo. Inclua as suas crenças sobre dinheiro, relacionamentos, família, saúde e carreira. Pense sobre as vezes em que você se abateu e se comportou de forma errada e considere se alguma crença pode estar por trás disso. Pense em quaisquer desafios pessoais que você tenha e questione-se a respeito de quais crenças os estão causando.

Independentemente de quantas crenças limitantes você descubra, trabalhe para mudar uma crença de cada vez. Você pode constatar que estar ciente da crença limitante é tudo o que é necessário. Quando a descobrir, poderá reconhecer o dano que ela está causando na sua vida, e criar uma crença nova e positiva para substituí-la. Foi isso o que eu fiz com a minha crença sobre ser uma negação em línguas estrangeiras. Quando descobri que a crença não tinha um propósito na minha vida e estava me restringindo, consegui me libertar dela e substituí-la por uma nova crença de que sou bom em aprender idiomas.

Apesar de toda crença limitante poder ser superada, algumas são mais complexas do que outras. Felizmente, como você sabe, o seu anjo da guarda está pronto e esperando para ajudá-lo. A seguir, é apresentada uma visualização guiada com o seu anjo da guarda que o auxiliará a eliminar quaisquer crenças subconscientes indesejadas.

Reserve cerca de 30 minutos nos quais você sabe que não será interrompido. Certifique-se de que o ambiente esteja quente o suficiente, e utilize roupas largas e confortáveis. Você também pode querer colocar alguma música relaxante de New Age. Eu prefiro ficar em silêncio, mas as pessoas são diferentes – faça o que funcione melhor para você.

1. Sente-se em uma cadeira confortável, feche os olhos e pense em seu anjo da guarda por um ou dois minutos. Agradeça por tudo o que o seu anjo tem feito por você, e diga o quão ansioso está para receber mais ajuda e aconselhamento no futuro.

2. Quando você se sentir pronto, inspire profundamente contando até três, segure a sua respiração por alguns segundos e, então, expire contando até três. Respire lenta e profundamente diversas vezes, e permita que o seu corpo relaxe mais e mais a cada expiração.

3. Agora, esqueça-se da sua respiração e visualize-se caminhando por um museu de arte. Você tem o museu todo para si, e pode parar e analisar quaisquer pinturas que desejar. Logo, você se encontra em uma galeria cheia de paisagens. Por alguma razão, sente-se atraído por uma paisagem em particular, uma bela cena que o faz se sentir feliz e animado só de observá-la.

4. Você se aproxima para analisar as pinceladas do artista e, de repente, tem uma sensação estranha de que não está apenas observando a paisagem, mas também se encontra dentro dela. Você se vira em um círculo e sente-se bem no meio da paisagem. Identifica uma leve brisa. Conforme olha para cima, vê nuvens fofas cruzando o céu azul puro. Você escuta o som do voo dos pássaros enquanto eles voam em uma formação, bem alto, no céu.

5. Você começa a caminhar e sente os raios de sol quentes nas suas costas. Logo, encontra um caminho que o leva para uma plataforma de observação, da qual você avista, embaixo, um lindo vale, que não estava visível na pintura. Um riacho percorre pelo meio do vale, e você consegue ver cavalos e vacas pastando na grama verdejante, dos dois lados do riacho. Você não consegue ver ninguém, mas percebe que o caminho continua em um declive que leva ao nível do vale. Na metade da descida, há um banco confortável que oferece uma visão perfeita do vale, e você anda até ele.

6. Quando você alcança o banco e se senta nele, sente uma onda de relaxamento percorrê-lo enquanto observa a vista magnífica. Uma vaca muge, como se estivesse ecoando os seus pensamentos. Você sorri e se sente mais em paz do que esteve há

muito e muito tempo. Desfruta desses sentimentos conforme olha ao redor e percebe que esse é o lugar perfeito para ter uma conversa com o seu anjo da guarda.

7. Você mal pensou nisso e sente a presença do seu anjo da guarda. "Obrigado por se juntar a mim", você diz. "Preciso da sua ajuda, pois algo está me restringindo há muito tempo, e necessito do seu auxílio para me livrar disso". Conte para o seu anjo a crença limitante que possui, bem como algumas das coisas negativas que têm acontecido com você como resultado disso. Explique que você sabe que essa é uma crença, e não um fato, mas isso está lhe causando dor e o impedindo de ser a pessoa que quer ser. Peça para o seu anjo da guarda ajudá-lo a eliminar isso.

8. Escute em silêncio o que o seu anjo tem a dizer. O seu anjo está propenso a simpatizar com você, e expressará satisfação por você estar pronto para descartar tudo o que o estiver impedindo de levar a vida de que poderia e deveria estar desfrutando.

9. Quando o seu anjo da guarda expressar a empatia dele, você sentirá que está prestes a descobrir informações boas e práticas. O seu anjo começa pedindo-lhe para nomear duas ou três pessoas, vivas ou falecidas, que você admira e estima. Após ter fornecido os nomes, seu anjo da guarda lhe pergunta como essas pessoas teriam lidado com o problema se sofressem da mesma crença limitante.

10. Após você ter pensado nisso, o seu anjo da guarda pede-lhe para pensar sobre algo novo que você pode fazer para substituir a crença limitante antiga e prejudicial. Você possui a capacidade de escolher aquilo que desejar. Precisa ser algo positivo, audacioso e destemido. O que quer que isso seja, requererá tempo, coragem e persistência para ser alcançado. Não será necessariamente fácil. Você pode ter alguns contratempos antes de a nova crença eliminar totalmente a crença antiga e se tornar uma parte natural da sua vida.

11. Você sente o amor, o incentivo e o apoio do seu anjo da guarda conforme absorve o que aprendeu. Seu anjo lhe pede para visualizar como será a sua vida quando você mudar. Ela valerá a pena? Você decide que sim e sente quão feliz seu anjo da guarda está com a sua resposta. O seu anjo guardião lhe diz para se concentrar em suas habilidades, seus talentos e suas realizações. Acima de tudo, seu anjo quer que você acredite em si mesmo. Você tem uma sensação de formigamento na região do seu chacra sacral, aproximadamente cinco centímetros abaixo do umbigo, quando escuta isso. Você sabe que esse chacra se relaciona às suas emoções mais básicas, e se sente feliz e orgulhoso porque ele está funcionando exatamente da forma como deveria.

12. Você agradece ao seu anjo da guarda por estar lá por você e por sempre estar tão disposto a ajudá-lo. Seu anjo lhe diz para repetir a visualização quantas vezes desejar, até a crença limitante ter desaparecido completamente.

13. Você observa a cena silenciosa e tranquila diante de si por um ou dois minutos, antes de se levantar e seguir o caminho de volta ao início. Em um momento, se encontra no local dentro da pintura onde você começou. Você faz uma pausa por um instante e, então, caminha diretamente para a galeria no museu de arte. Observa a pintura para a qual viajou, e, quando se sentir pronto, conta de um a cinco e abre os olhos.

14. Sente-se em silêncio por um ou dois minutos antes de se levantar. Pense na experiência maravilhosa que você teve, e reflita sobre a ajuda e o conselho que recebeu do seu anjo da guarda. Agradeça ao seu anjo mais uma vez por auxiliá-lo a resolver o seu problema. Quando você se sentir pronto, levante-se. Coma e beba algo e prossiga com o seu dia.

Repita esta visualização com frequência, até que a crença limitante tenha desaparecido. Pense sobre a informação e o conselho que o seu anjo da guarda ofereceu por pelo menos duas vezes ao dia. Reflita sobre as pessoas que você admira e pergunte-se como elas lidariam com o seu problema. Sempre que você tiver um tempo livre, repita a afirmação que o seu anjo da guarda lhe forneceu: "Eu acredito em mim mesmo".

Conforme você e o seu anjo da guarda trabalharem juntos para eliminar a sua bagagem indesejada e as suas crenças limitantes, a qualidade da sua vida melhorará consistentemente.

Autoestima e o Seu Anjo da Guarda

O seu anjo da guarda quer ajudá-lo a se tornar a sua melhor versão possível, o que não acontecerá se estiver sem confiança e autoestima. Quando você se sente bem em relação a si mesmo, tende a se sentir mais seguro; acreditará em si mesmo, e confiará em si e nas suas habilidades. Você se valorizará e se sentirá mais feliz. A autoestima é o conhecimento de que você pode lidar com o que quer que esteja acontecendo na sua vida, e de que tem tanto direito de se sentir feliz quanto qualquer outra pessoa.

Mesmo se você sentir que está sem confiança, já possui confiança em muitas áreas da sua vida. Você tem confiança de que o seu coração continuará batendo, por exemplo, e de que os seus olhos piscarão quando necessário. Também pode ter esse nível de confiança em outras circunstâncias, assim que aprender a se sentir de forma diferente em situações incertas. Isso significa que a sua mente subconsciente terá aprendido novas formas mais eficazes de lidar com situações potencialmente difíceis.

A seguir, é apresentado um exercício de visualização guiada que você pode realizar com o seu anjo da guarda, o qual o ajudará a obter confiança e autoestima. Antes de realizá-lo, faça duas listas: uma com as áreas da vida nas quais você se sente totalmente confiante; e outra com as áreas nas quais precisa de mais confiança.

Você pode realizar este exercício de duas formas diferentes. Pode gravar o roteiro e escutá-lo quando estiver se sentindo relaxado. De modo alternativo, pode lê-lo algumas vezes para se familiarizar com ele e, então, se direcionar silenciosamente pelo exercício com suas próprias palavras. Existem benefícios em ambos os métodos. Um roteiro gravado o mantém no caminho e garante que você receba todas as informações necessárias. No entanto, a desvantagem é que você pode querer passar mais tempo em uma cena e menos tempo em outra. Você pode tornar a sessão tão longa ou tão curta quanto desejar quando estiver utilizando as suas próprias palavras. Pode, por exemplo, precisar de mais ou menos tempo para se tornar completamente relaxado. Também pode mudar o roteiro para adaptá-lo a si mesmo e às suas necessidades específicas.

Você precisa dispor de cerca de 30 minutos para esta visualização. Use roupas largas e certifique-se de que o seu ambiente esteja agradavelmente quente. Desligue o seu telefone temporariamente. Sente-se em uma cadeira confortável ou deite-se em um sofá ou em uma cama. Eu gosto de utilizar uma cadeira reclinável, pois tenho tendência a adormecer se estiver deitado em uma cama. Você também pode querer se cobrir com uma manta ou um cobertor. Deve realizar qualquer outra coisa que o fizer se sentir relaxado e confortável.

Quando estiver pronto, coloque a sua gravação para tocar, ou comece dizendo a si mesmo o roteiro com suas próprias palavras. Segue o roteiro:

"Inspire bem profundamente e feche os olhos ao expirar. Deixe todos os músculos relaxarem. Cada respiração sua o ajuda a relaxar mais e mais. É muito prazeroso simplesmente relaxar e permitir que todas as preocupações do dia desapareçam, enquanto você paira e flutua nesse estado de relaxamento bom, calmo e tranquilo.

Na sua mente, observe-se de pé no topo de uma bela escada. É a escada mais bela que já viu, e você faz uma pausa para admirá-la antes de descer os degraus. Percebe que a escada tem dez degraus, que levam a um jardim magnífico, repleto de flores coloridas. Na base da escada, há um grande tapete espesso, decorado com uma estampa elaborada, e você instantaneamente nota que esse é um tapete voador, que pode transportá-lo magicamente para qualquer lugar que deseje visitar.

Você coloca uma mão no corrimão e permanece no degrau de cima. 'Dez', você diz para si mesmo e sente uma onda de relaxamento percorrê-lo enquanto expira.

Você respira fundo novamente enquanto desce para o degrau seguinte. 'Nove', você diz em silêncio, conforme duplica o seu relaxamento.

Conforme você desce mais uma vez, antecipa o que vai acontecer. 'Oito', você diz, e o seu relaxamento é duplicado de novo.

Você está se sentindo muito relaxado agora, e sorri enquanto desce mais um degrau. 'Sete', diz para si mesmo, e o seu corpo relaxa ainda mais.

Você desce mais um degrau. Está tão relaxado que sente que não poderia relaxar ainda mais. Surpreendentemente, você duplica o seu relaxamento de novo enquanto diz a palavra 'seis'.

Você está na metade da escada agora ao descer mais um degrau e dizer 'cinco'.

O tapete mágico começa a vibrar levemente quando você olha para ele, e você se sente entusiasmado ao perceber que em breve estará sentado no tapete. Dá mais um passo e se sente leve, solto, tranquilo e muito relaxado enquanto diz 'quatro'.

Você se sente tão relaxado que é quase um grande esforço se movimentar agora. No entanto, como deseja se sentir totalmente calmo e relaxado, desce mais um degrau e diz 'três'. Cada célula do seu corpo reage conforme você duplica o seu relaxamento de novo.

Há apenas mais dois degraus faltando. Você duplica o seu relaxamento e se sente total, inteira e completamente relaxado à proporção que dá mais um passo e diz 'dois'.

Você faz uma pausa antes de dar o passo final, sentindo a antecipação e o entusiasmo crescendo dentro de si à medida que observa o tapete voador, que agora está flutuando a cerca de alguns centímetros acima do chão. Ele balança levemente, como se estivesse o incentivando a dar o passo final. Cada célula do seu corpo está agora mais relaxada do que já esteve antes, mas, ainda assim, você duplica o seu relaxamento enquanto desce para o último degrau e diz 'um'.

O tapete voador sobe para chegar até você, e você sorri e sobe nele. Planeja se sentar no tapete, mas isso é um esforço muito grande. Em vez disso, se deita. Você sabe que o tapete reagirá instantaneamente aos seus pensamentos e o levará para qualquer lugar que quiser ir. Você passa alguns instantes pensando sobre os lugares que gostaria de visitar. Pode ser um lugar que conhece bem. Pode ser algum local para o qual você sempre quis ir. Pode ser um lugar imaginário, onde tudo é perfeito.

Quando você se decide, o tapete mágico lê os seus pensamentos. Você é instantaneamente conduzido para bem alto no ar, e viaja pelo espaço e pelo tempo em uma velocidade surpreendente. Sente-se confortável e desfruta completamente da viagem. Ela termina muito rápido, e você olha em volta com interesse, enquanto o tapete desacelera e desce suavemente até o chão.

Você sai do seu tapete mágico e o observa subir de novo e desaparecer de vista rapidamente. Você começa a caminhar e logo encontra um lindo local, onde se senta e relaxa por quanto tempo desejar. Ele é bem tranquilo, calmo e relaxante. A temperatura está perfeita, o céu está sem nuvens, e os únicos sons que escuta são de pássaros cantando enquanto sobrevoam acima de você.

Agora que está se sentindo totalmente relaxado nesse local lindo, bom e calmo, peça para o seu anjo da guarda se juntar a você. Você pode ou não ver o seu anjo da guarda no olho da sua mente, mas saberá que ele está lá. Afinal de contas, o seu anjo está com você o dia todo, todos os dias. Você sabe que o seu anjo ficará contente em poder ajudá-lo a superar quaisquer problemas ou questões que tenha na sua vida. Como o seu anjo quer que você seja tão feliz e realizado quanto possível, você sabe que receberá todo o auxílio de que necessita para obter confiança e autoestima. Sorria e sinta uma positividade em todo o seu corpo ao cumprimentar o seu anjo da guarda.

Agradeça ao seu anjo da guarda por se juntar a você. Conte para o seu anjo o quão grato está, pois você precisa de mais confiança e autoestima. Diga que você está disposto a fazer o que for necessário para se aprimorar, porque sabe que isso ajudará a sua vida em muitos sentidos.

Este é o momento de contar para o seu anjo da guarda as áreas da vida nas quais você se sente confiante e as áreas em que precisa de ajuda." (Faça uma pausa na gravação por cerca de 60 segundos.)

"Agora, o seu anjo da guarda lhe oferece informações valiosas, as quais você aceita de coração. Seu anjo fala de forma séria e lhe diz que, a partir deste momento, independentemente do que aconteça na sua vida, você se amará, se respeitará e confiará em si mesmo. Não se preocupará mais com o que as outras pessoas dizem ou pensam. Você é independente e gosta de si. As outras pessoas também se sentem atraídas por você, pois é confiante, honesto, solidário e empático. Você é um bom amigo. Confia no seu próprio julgamento, pois acredita em si mesmo, e está no caminho para o sucesso.

Seu anjo da guarda prossegue: 'Com o passar de cada dia, você ficará mais relaxado em todos os tipos de situação. Conversará com os outros com facilidade. Você se sentirá à vontade sempre que estiver com os outros, seja uma pessoa só ou mil pessoas. As palavras virão facilmente, e se apresentará de uma forma acolhedora e confiante. Você tem interesse pelas outras pessoas, e se concentra nelas e em suas necessidades. Não se sentirá mais constrangido ou inseguro'.

Seu anjo da guarda pede para você reviver uma cena do passado na qual se sentiu sem confiança e fracassou em revelar o seu verdadeiro eu. Visualize essa cena em uma pequena tela de televisão em preto e branco antiga." (Faça uma pausa por cerca de dez segundos.) "Ótimo. Agora, reprise essa cena de novo, mas, dessa vez, observe-se fazendo tudo exatamente da forma como você gostaria que tivesse acontecido. Sinta a presença do seu anjo da guarda o apoiar dessa vez. Observe essa cena em uma cor radiante, em uma enorme tela de cinema." (Faça uma pausa por dez segundos.)

"Perceba a diferença. Veja a pequena tela em preto e branco novamente e note o quanto ela se tornou menor. Observe a enorme tela de cinema e perceba que ela está maior agora, e que as cores estão ainda mais vivas e belas. Mude de uma tela para a outra mais algumas vezes. A cada vez que você fizer isso, a tela em preto e branco se torna menor e a tela de cinema fica cada vez maior. Logo a tela em preto e branco se torna tão pequena que você nem consegue vê-la, e a grande tela colorida o envolve completamente. Ela representa o seu novo eu. Com a ajuda do seu anjo da guarda, você é a estrela do seu próprio show. De agora em diante, apresentará o melhor de si para o mundo.

Seu anjo está lhe dizendo para se libertar de toda dor e decepção do passado. Você viu tudo isso na tela em preto e branco, mas agora está revivendo essas experiências da forma como elas deveriam ter acontecido, na enorme tela de cinema. É muito bom criar essas novas memórias na companhia do seu anjo da guarda. Você está animado por saber que pode fazer isso sempre que quiser mudar uma memória negativa. Tudo o que precisa fazer é mudar entre uma tela e outra, até que a tela pequena desapareça. Aquilo que foi exibido nessa tela foi irrelevante, não foi nada. Foi sempre assim, e agora já passou. Você pode praticar este exercício quantas vezes quiser e sempre que desejar.

A partir de agora, você acordará todas as manhãs se sentindo confiante e pronto para quaisquer desafios que a vida reserva para si. Você tem toda a confiança de que necessita em todos os tipos de situação. Sente-se digno, valioso e merecedor de respeito.

Agora, é o momento de você fazer todas as perguntas que quiser ao seu anjo da guarda, sobre qualquer tema." (Faça uma pausa por 60 segundos.)

"Quando você tiver terminado de fazer as perguntas, o seu anjo da guarda vai lhe dizer para realizar algo todos os dias que o faça se sentir bem consigo mesmo. Pode ser qualquer coisa, desde que faça se sentir positivo, feliz e orgulhoso de suas competências e habilidades. O seu anjo diz que pode ser algo pequeno ou grande. A parte mais importante é realizar pelo menos uma coisa positiva todos os dias, a fim de impulsionar a sua autoestima.

Sinta o seu anjo da guarda envolvendo-o em um abraço acolhedor. Sorria e agradeça ao seu anjo especial por todas as coisas boas na sua vida e por sempre estar lá por você. O seu anjo continua abraçando-o até você notar que o tapete voador retornou e está pairando diretamente diante de si. 'Obrigado', você diz para o seu anjo da guarda. Então, sobe no tapete voador e se senta. Só há tempo suficiente para acenar para o seu anjo da guarda, agradecer e se despedir, antes de o tapete disparar pelo ar e, em questão de segundos, levá-lo de volta para casa. Você percebe que a visualização terminou e está deitado com os olhos fechados, sentindo-se relaxado e confortável. Também se sente positivo em relação a todos os aspectos da sua vida.

Desfrute das sensações prazerosas de relaxamento no seu corpo por quanto tempo desejar, lembre-se de partes da visualização e reviva-as. Quando se sentir pronto, conte lentamente de um a cinco e abra os olhos."

Sente-se em silêncio por alguns minutos e desfrute dos sentimentos de confiança internamente. Agradeça ao seu anjo da guarda de novo, e coma e beba algo antes de retornar para a sua vida cotidiana.

Para alcançar os melhores resultados, você deve realizar esta visualização pelo menos uma vez por semana, até o problema ser resolvido.

O seu anjo da guarda está sempre com você, independentemente do que esteja acontecendo na sua vida. O seu anjo quer celebrar os bons momentos com você, e está igualmente disposto a oferecer ajuda e consolo durante os períodos difíceis.

Como Curar um Coração Partido

Ter o coração partido é uma das experiências mais devastadoras que uma pessoa pode ter, e quase todo mundo sofre disso em algum momento durante a vida. Corações partidos são normalmente associados a rompimentos de relacionamentos, mas eles também podem ocorrer de outras formas. Muitas pessoas passaram por isso após a morte de um parceiro, um amigo próximo ou um animal de estimação bastante querido. Um amigo meu refez uma nova vida para si em um país diferente e teve o coração partido quando o governo se recusou a estender seu visto, forçando-o a retornar para seu país natal. Uma conhecida teve o coração partido quando o que ela considerava ser seu emprego dos sonhos chegou ao fim e foi despedida.

Independentemente da causa do coração partido, ele é sempre acompanhado de uma angústia quase insuportável e de dor emocional. Felizmente, um coração partido pode ser curado. Isso requer tempo, pois sempre envolve um processo de sofrimento. Você precisa ser gentil consigo mesmo e permitir-se um tempo para lamentar. Também precisa se cuidar: comer de forma saudável, manter-se hidratado e praticar exercícios regularmente. Tente realizar algo todos os dias que o faça rir. Assistir a um desenho animado ou a um comediante de *stand-up* libera endorfinas, o que fará com que você se sinta bem por um breve período, e ajudará a sua saúde mental e emocional. Apesar de provavelmente não acontecer de maneira imediata, a cura realmente ocorrerá.

Seu anjo da guarda quer ajudá-lo com todos os passos do processo. Sente-se em algum lugar onde não será interrompido, e tenha uma conversa sincera com o seu anjo da guarda sobre o que aconteceu e como se sente. É bom expressar as suas emoções e os seus sentimentos, principalmente quando você está cercado de amor e de apoio do seu anjo da guarda. O seu anjo é infinitamente paciente, e o escutará e dará sugestões que o auxiliarão por quanto tempo quiser. Você pode conversar com o seu anjo da guarda sempre que pretender e tão frequentemente quanto desejar.

Esta visualização criativa o ajudará a se libertar de parte do sofrimento e da dor. Você pode querer gravá-la e usar a gravação. No entanto, para esta visualização em particular, pode ser melhor lê-la algumas vezes e, então, recitá-la para si mesmo com os olhos fechados, enquanto realiza a visualização. Uma gravação pode ser muito rápida ou muito lenta para as suas necessidades específicas no momento em que a estiver realizando. Você precisará de cerca de 30 minutos de tempo ininterrupto.

Antes de começar, prepare o seu ambiente. Você precisará de uma cadeira confortável para relaxar; uma cadeira reclinável é o ideal. O local precisa estar confortavelmente quente, e você deve vestir roupas largas. Se desejar, pode colocar uma música de relaxamento calma. Este é o roteiro:

"Inspire bem profundamente, segure a respiração por alguns instantes e feche os olhos enquanto expira. Esteja ciente de si mesmo, sentado em sua cadeira com os olhos fechados, e saiba que você está no controle. Está prestes a embarcar em uma visualização de cura com o seu anjo da guarda e se sente confortável. Não há pressa. Você não precisa correr. Apenas desfrute dos sentimentos prazerosos de relaxamento que estão entrando em diferentes partes do seu corpo. Tudo o que precisa fazer é relaxar e permitir que isso aconteça.

Você pode escutar sons de fora do local. Eles não o perturbam ou incomodam. Na verdade, eles o ajudam a ser conduzido ainda mais profundamente ao relaxamento. Em um momento, se sentirá sendo conduzido a um estado de transe leve e tranquilo. Isso faz você se lembrar das vezes em que quase adormeceu enquanto assistia à televisão. Conseguia escutar o que estava sendo dito, mas isso passava por você sem ser notado, ajudando-o a ser conduzido ainda mais profundamente a um estado calmo, tranquilo e relaxado.

Sinta-se pairando e flutuando, quase como se estivesse relaxando em uma nuvem branca fofa no alto do céu, onde nada pode preocupá-lo ou incomodá-lo. Você nota que outras partes do seu corpo estão relaxando agora, e percebe quão benéfico é para você se libertar de todo o estresse, a tensão e a ansiedade – simplesmente existir. É muito bom para você relaxar e deixar a vida passar por si por alguns instantes.

Na sua imaginação, visualize-se agora flutuando em uma linda nuvem fofa, bem acima do mundo. Você está flutuando em um lindo céu azul e, a partir dessa posição estratégica, consegue observar que é possível ver as coisas de uma forma muito diferente do que era antes. Enquanto paira, permite que toda a tensão e o estresse no seu corpo se dissolvam e desapareçam. Você não precisa mais deles.

Você se sente calmo, protegido, seguro e extremamente relaxado. Não pode ser incomodado por toda a dor, o sofrimento e a negatividade que o têm restringido e conscientemente se liberta disso. Desfrute da sensação de estar livre de novo – livre e no controle. Sim, você está no controle e pode provar isso para si mesmo, direcionando a sua nuvem mais para cima ou mais para baixo ou, talvez, mudando de direção.

Você está envolto por um ar fresco puro, saudável e revitalizante. É bom enfim se libertar de todos os sentimentos e emoções negativos e, simplesmente, relaxar na sua linda nuvem no céu.

Existe apenas uma pessoa com a qual deseja conversar neste momento. Isso mesmo – é o seu anjo da guarda. O seu anjo especial tem estado com você durante todo o percurso, e você pode sentir o amor e o acolhimento especiais do seu anjo guardião ao seu redor.

Você sorri e cumprimenta o seu anjo da guarda. 'Eu deveria saber que você estava aqui comigo', você diz. 'Estou sempre com você', o seu anjo responde. 'Hoje estou aqui para ajudá-lo a curar o seu coração partido. Eu sinto que este é o momento certo e que você está pronto. Como se sente em relação a isso? Este é o momento certo?' 'Sim', você responde. 'Estou mais do que pronto. Obrigado.'

'Ótimo', o seu anjo fala. 'Primeiro, nós temos de levá-lo de volta à sua cadeira.' Você começa a responder, mas, antes de conseguir pronunciar uma palavra sequer, percebe que não está mais flutuando no céu, mas, sim, sentado em sua cadeira reclinável, em seu ambiente. 'Agora, nós vamos preenchê-lo com energia de cura', o seu anjo diz. 'Não apenas isso, tenho aqui comigo também anjos de cura, e eles vão curar o seu coração.'

Você sente uma corrente de luz branca pura descendo dos céus e entrando no seu corpo pela parte de cima da sua cabeça. Sente uma onda de euforia e de satisfação. Você olha para cima e vê o raio de luz. Dentro dele, há centenas de pequenos anjos sorridentes. Consegue ouvir a risada deles conforme flutuam, descendo até o seu corpo.

O seu anjo da guarda fala novamente. 'Em um instante, os anjos de cura começarão a purificar e curar o seu coração. Independentemente da condição em que o seu coração se encontra, eles vão repará-lo.' Você se concentra no seu coração e tem uma sensação de conforto e acolhimento, enquanto os anjos de cura realizam o trabalho deles.

'Isso é bom', o seu anjo da guarda diz. 'Os anjos repararam a parte externa do seu coração. Agora, eles vão entrar e ver o que precisa ser reparado dentro dele.' Você tem uma sensação de libertação dentro de todo o seu corpo. 'Apenas relaxe', o seu anjo diz. 'Os anjos de cura estão eliminando todo o sofrimento, a dor, a raiva e quaisquer outras questões não resolvidas do passado. Em breve, estará novamente completo.'

O tempo parece parar enquanto os anjos de cura reparam o seu coração. Você consegue sentir a corrente de luz branca que continua a entrar no seu corpo e tem uma sensação de conforto no seu coração. Você também sente amor em seu coração, e o percebe crescendo e se expandindo para muito além do seu corpo físico. 'Pronto', diz o seu anjo da guarda. 'Você está livre para amar novamente. Veja – está transmitindo o seu amor para o mundo.'

'Os anjos de cura terminaram', o seu anjo da guarda diz. 'Olhe para cima.' Você olha para cima e vê os anjos de cura voando na corrente de luz, enquanto eles retornam para o Divino. Eles aparentam estar felizes, e alguns acenam para você enquanto voam para o alto.

'Obrigado, anjos de cura', você grita para eles. 'Eu nem tenho como agradecer a vocês o suficiente.' Sente o seu coração ficar repleto de gratidão por tudo o que eles fizeram por você. Observa até que o último anjo de cura tenha voado alto através da luz branca. A luz gradativamente se dissipa e desaparece.

'Muito obrigado, Anjo da Guarda', você diz. 'Tenho muita sorte de ter você para me ajudar. Acho que posso começar a viver novamente.' O seu anjo da guarda ri. 'Você tem muito para viver! Você tem tanta felicidade e amor à sua frente. Porém, lembre-se: pode haver alguns altos e baixos antes de estar totalmente no caminho. Tudo o que você precisa fazer é pedir, e nós podemos invocar os anjos de cura sempre que precisarmos deles.' 'Obrigado.' Seu anjo da guarda ri novamente e pergunta: 'Gostaria de relaxar na sua nuvem por um tempo antes de retornar para a sua vida normal?'. Você responde que sim.

Instantaneamente, você se encontra bem acima do mundo, flutuando na sua nuvem branca fofa. Você pode desfrutar dessa experiência por quanto tempo desejar. Quando chega o momento de retornar, sabe que só precisa contar lentamente de um até cinco e abrir os olhos. 'Obrigado, Anjo da Guarda', você diz mais uma vez. 'Boa noite.'"

Você pode realizar esta visualização criativa quantas vezes desejar, até que o seu coração esteja completamente curado e você esteja seguindo em frente de novo.

Como Trabalhar com os Anjos da Guarda de Outras Pessoas

Quando você começar a trabalhar com o seu anjo da guarda, descobrirá o quanto o seu anjo quer ajudá-lo a progredir na vida. Dar-se bem com outras pessoas e auxiliá-las são partes importantes desse processo. O seu anjo da guarda o ajudará a fazer amigos, resolver dificuldades com os outros, e transmitir amor e cura para pessoas que necessitam disso.

Como Pedir para o Seu Anjo da Guarda Conversar com o Anjo da Guarda de Outra Pessoa

O Papa Pio XI e o Papa João XXIII pediam para seus anjos da guarda ajudarem sempre que eles tinham um encontro com alguém com quem podia ser difícil lidar. Ambos pediam para seus anjos guardiões conversarem com o anjo da guarda da outra pessoa e resolverem quaisquer problemas antes de a reunião começar. Você não precisa ser um papa para fazer isso. Tudo o que precisa fazer é conversar com o seu anjo da guarda com antecedência, explicar o motivo de querer que a reunião seja um sucesso e pedir ajuda. Seu anjo especial conversará com o anjo da guarda da outra pessoa e discutirá a respeito das áreas de maior dificuldade entre vocês, o que significa que você não precisa se preocupar com elas enquanto estiver conversando com a outra pessoa. Recentemente, ouvi falar de um aluno do ensino médio que pediu para seu anjo da guarda conversar com o anjo da guarda de um professor que ele sentia que não gostava dele. O estudante percebeu uma diferença imediatamente e agora está indo bem na aula desse professor.

Você pode pedir para o seu anjo da guarda se comunicar com os anjos da guarda das outras pessoas por qualquer propósito digno. Se você teve um conflito com um amigo ou um familiar, por exemplo, pode pedir para o seu anjo guardião ajudar a resolver o problema, discutindo-o com o anjo da guarda da outra pessoa.

Como Transmitir Cura para as Outras Pessoas com o Seu Anjo da Guarda

Você também pode pedir para o seu anjo da guarda transmitir amor e cura para qualquer pessoa. O seu anjo também fará isso para grupos de pessoas, independentemente de quão grandes eles possam ser. Dizem que o Padre Pio enviava com frequência seu anjo da guarda para oferecer consolo e ajuda aos outros (RONNER, 1993, p. 118).

Tudo o que você precisa fazer é se sentar em silêncio em algum lugar onde não será incomodado. Feche os olhos, relaxe e comece a conversar com o seu anjo da guarda. Durante a conversa, conte para o seu anjo sobre a pessoa com a qual você está preocupado e peça para que seja enviada cura a ela. O seu anjo pode ou não dizer a você qual ação acontecerá. Ele pode mencionar o assunto para o Arcanjo Rafael ou para algum outro anjo de cura. O seu anjo pode se comunicar com o anjo da guarda da pessoa doente e decidir qual conduta de tratamento seria a melhor. Depois de você passar o assunto para o seu anjo da guarda, já pode relaxar, sabendo que os anjos farão o melhor que puderam para realizar a cura. Você pode auxiliar no progresso, rezando e transmitindo pensamentos de cura para a pessoa que necessita disso.

Anjos da Guarda em Cores

Alguns anos após a morte de Mechtilde Thaller (1868-1919), mística estigmatizada alemã, seus cadernos foram publicados. Eles se mostraram extremamente populares, pois descreviam sua relação com seu anjo da guarda e muitos outros anjos. Ao longo de sua vida, ela foi capaz de ver anjos e, a partir dos 5 anos de idade, foi orientada e auxiliada tanto por seu anjo da guarda quanto por um arcanjo.

Quando era criança, dizem que Mechtilde rezou para Deus com o intuito de curar a cegueira de uma menina que ela viu pedindo esmolas na rua. Ela limpou os olhos da garota com seu lenço de renda e a visão da menina foi recuperada. Esse é apenas um dos muitos milagres que dizem que ela realizou.

Quando ela era adolescente, o Padre Schorra, seu conselheiro espiritual, recusou-se a deixá-la entrar em uma vida religiosa. Disse-lhe que Deus queria que ela fosse casada. Infelizmente, o homem com o qual ela se casou era um tirano adúltero que constantemente abusava dela. Eles não tiverem filhos, mas Mechtilde tinha uma série de "filhos espirituais" que ela visitava e com os quais trocava cartas.

Mechtilde tinha a habilidade de se bilocar, o que significava que ela era capaz de estar em dois lugares ao mesmo tempo. Durante a

Primeira Guerra Mundial, ela usou esse talento para cuidar de soldados feridos perto da linha de frente. Seu anjo da guarda lhe disse para manter seus dons em segredo. Extraordinariamente, ela conseguiu manter o fato de ter estigmas em suas mãos e em seu corpo em segredo de todos, exceto de seu conselheiro espiritual.

Ao longo de sua vida, Mechtilde foi ensinada por anjos, e ela registrou todas as revelações que aprendeu em seus cadernos. Sua escrita incluiu descrições de diferentes anjos, informações sobre a hierarquia angelical e relatos das funções dos anjos em cada posto. Ela disse que as personalidades dos anjos da guarda variavam enormemente. Alguns eram ativos e energéticos, enquanto outros eram mais reservados, e pareciam tímidos e retraídos. Mechtilde escreveu que os anjos da guarda mais reservados cuidavam de pessoas que "são chamadas para sofrer muito". Infelizmente, os diários e os cadernos de Mechtilde ainda não foram traduzidos para o inglês, mas alguns trechos foram publicados em 1935 (VON LAMA, 1935).

Mechtilde via anjos de forma clara e em cores. Ela dizia que os anjos da guarda de almas inocentes se vestem de branco e os anjos da guarda de crianças, geralmente, se vestem de azul. Os anjos da guarda de pessoas que sofrem muito nesta encarnação vestem roupas de cor púrpura e uma coroa (CONNELL, 1995, p. 100).

Santa Maria Madalena de Pazzi (1566-1607) teve uma visão incomum, na qual ela viu não apenas seu próprio anjo da guarda, mas também os anjos da guarda das outras freiras no convento no qual habitavam. Na visão, ela caminhava em um lindo jardim, onde os anjos da guarda das freiras estavam tecendo coroas de flores. Todas as coroas eram diferentes e tinham uma variedade de cores distintas que refletiam as qualidades que cada alma possuía. Jesus apareceu para ela e lhe disse que, se as almas não possuíssem caridade, seus anjos da guarda não conseguiriam confeccionar as coroas de flores (MINIMA, 1958, p. 47-48).

Conheci muitas pessoas que conseguem ver os anjos da guarda de outras, e suas descrições variam consideravelmente. Apenas algumas delas veem os anjos da guarda em cores diferentes, as quais parecem corresponder à cor principal que é visível na aura de seus protegidos. É possível que elas e Mechtilde estivessem vendo a aura da pessoa ao olharem para o anjo da guarda. Além disso, é provável (e não muito surpreendente) que a cor das roupas do anjo da guarda seja a mesma cor da aura da pessoa. Em ambos os casos, a cor principal da aura, conhecida como cor de fundo, indica a lição mais importante que a pessoa tem de aprender nesta vida.

Conhecer a lição mais importante de outra pessoa o ajuda enormemente a lidar com ela. Se você quiser que alguém aceite com satisfação um desafio que envolve muito trabalho duro, deve escolher alguém cujo anjo da guarda se vista de verde. Se quer fazer algo emocionante ou aventureiro, deve escolher, para fazer isso com você, alguém cujo anjo da guarda vista roupas azuis. Se precisar de uma pessoa para cuidar dos seus investimentos, alguém com um anjo vestido de prateado seria uma boa escolha. Obviamente, você também precisa observar outros aspectos do caráter da pessoa, mas isso lhe oferece um bom começo.

A seguir, são apresentadas as lições mais importantes para cada cor.

Vermelho

Palavras-chave: independência e realização.

Pessoas com anjos da guarda vestidos de vermelho precisam aprender a se virar sozinhas e a alcançar a independência. Elas geralmente iniciam a vida sendo dependentes e, algumas vezes, são forçadas a aprender a lição da independência. Quando essa lição é aprendida, conseguem usar suas habilidades de liderança, seus talentos criativos e seu potencial de concretização para alcançar tudo o que desejam. Isso frequentemente inclui recompensa financeira.

Laranja

Palavras-chave: harmonia e cooperação.

Pessoas que possuem anjos da guarda vestidos de laranja são boas em se harmonizar e trabalhar bem com os outros. São ótimas colaboradoras, mas nem sempre recebem o reconhecimento ou o crédito que merecem. Elas são sensíveis e se magoam com facilidade. Quando aprendem como lidar com isso, recebem muito amor e amizade nesta encarnação.

Amarelo

Palavras-chave: expressão pessoal e sociabilidade.

Pessoas com anjos da guarda vestidos de amarelo precisam aprender o prazer da expressão pessoal. Normalmente são pessoas positivas, com boa imaginação e capacidades criativas. São talentosas com as palavras, o que faz delas boas conversadoras. Também conseguem se expressar bem nas carreiras de ator, cantor, palestrante profissional, escritor e em outras que utilizam habilidades verbais. Algumas vezes, precisam aprender a ter motivação para aproveitar ao máximo seus talentos.

Verde

Palavras-chave: praticidade e serviço.

Pessoas com anjos da guarda vestidos de verde necessitam aprender os benefícios do método e da ordem para cumprir suas metas. Elas precisam trabalhar em harmonia com as limitações e as restrições que a vida as faz enfrentar. São honestas, sinceras, conscientes, trabalhadoras e pacientes. Podem ser rígidas e persistentes às vezes, mas somente quando sentem que é necessário expressar seu ponto de vista.

Azul

Palavras-chave: mudança e variedade.

Pessoas com anjos da guarda vestidos de azul precisam aprender como usar seu tempo de forma sábia e construtiva. São pessoas ativas, versáteis, inquietas e entusiasmadas, que veem possibilidades interessantes em todos os lugares. Gostam de mudança e precisam de variedade constante em suas vidas. Por causa disso, têm dificuldade de lidar com tarefas rotineiras e ficam entediadas com facilidade.

Anil
Palavras-chave: amor e responsabilidade.

Pessoas cujos anjos da guarda vestem roupas de cor anil precisam aprender como lidar com a responsabilidade. Elas gostam de oferecer cuidado e atenção às pessoas que necessitam de ajuda e apoio. Infelizmente, algumas vezes os outros podem tirar vantagem dessa generosidade. São bondosas, cordiais, gratas, solidárias e gentis. Elas geralmente são as pessoas a quem os outros recorrem quando precisam de ajuda e conselho.

Violeta
Palavras-chave: sabedoria e compreensão.

Pessoas com anjos da guarda vestidos de violeta necessitam se desenvolver interiormente, além de desenvolver sua consciência espiritual e sua intuição. Esse é um caminho não materialista. Elas precisam lidar com o fato de ficarem sozinhas sem se sentirem solitárias, e usar esse momento para desenvolver conhecimento e sabedoria consideráveis. Essas pessoas possuem uma abordagem diferente, o que pode fazer com que seja difícil para os outros as compreenderem.

Prateado
Palavras-chave: materialismo e realização.

Pessoas com anjos da guarda vestidos de prateado precisam aprender como trabalhar no mundo material, e apreciar as recompensas que vêm como resultado de seu esforço e de sua habilidade organizacional. Elas são seguras, ambiciosas, confiáveis, práticas e persistentes. Quando cumprem suas metas financeiras, precisam usar sua riqueza e seu poder com sabedoria.

Dourado
Palavras-chave: humanitarismo e amor universal.

Pessoas com anjos da guarda vestidos de dourado necessitam aprender como se doar sem pensar em uma recompensa pessoal.

Elas precisam ser altruístas, e oferecer amor, assistência e compreensão a todos que necessitam disso. Sua satisfação deve vir do puro prazer em doar. Elas são sensíveis, misericordiosas, solidárias, tolerantes e idealistas. Essa é uma lição difícil, mas as recompensas são imensuráveis.

Rosa

Palavras-chave: amor e paz.

Pessoas com anjos da guarda vestidos de rosa precisam aprender como usar seu amor, sua inocência, sua compaixão e sua sensibilidade em um mundo que nem sempre aprecia essas qualidades valiosas. Elas serão magoadas muitas vezes, mas devem aprender a se reerguer, e continuar a irradiar sua pureza e sua compaixão sobre todos que encontrarem. Esse é um percurso difícil, mas poderoso, para as pessoas que querem fazer diferença no mundo.

Capítulo 5

Orações e Bênçãos

Quando a vida se torna difícil, até mesmo para as pessoas mais positivas pode ser complicado perceber o quanto elas são abençoadas. Felizmente, você está sempre cercado por anjos que estão dispostos a ajudá-lo e guiá-lo. Você pode realizar um ritual de bênção angélica sempre que desejar. Pode ser proveitoso pôr em prática isso até mesmo em bons momentos, pois o ritual fará você se lembrar de quantas bênçãos tem em sua vida. Você pode realizar um ritual de bênção para ajudar alguém que precisa dele. Também pode elaborar uma bênção angélica para um grupo de pessoas. Eu frequentemente realizo bênçãos angélicas em grupo, tanto pessoalmente quanto pela internet, e tenho tido sorte o suficiente de realizá-las para até mil pessoas de uma vez.

Se você está realizando um ritual de bênção angélica para si mesmo, faça antes uma lista de todas as bênçãos de que desfruta na sua vida. Sua lista pode incluir:

- **O dom da vida:** o fato de que você está vivo neste momento é um dom inestimável.
- **O seu corpo físico e a sua saúde:** pense sobre os dons da visão, da audição, do paladar e do olfato. Pense também na sua voz e na sua habilidade de se comunicar. Pense sobre as suas pernas, que o levam de um lugar para outro. Os seus braços, as suas mãos e os seus dedos podem realizar muitas tarefas, incluindo levantar, acariciar e até mesmo curar. O seu coração bombeia sangue por todo o seu corpo a cada momento da sua vida.

- **A sua mente:** ela lhe dá inteligência, pensamentos e criatividade.
- **A sua alma:** ela lhe proporciona uma conexão direta com o Divino.
- **As pessoas especiais na sua vida:** você pode incluir pais, irmãos, cônjuge, filhos, netos e amigos. Essas pessoas o ajudam todos os dias com seu amor e sua aceitação. A sua lista também pode incluir médicos, enfermeiros, professores e indivíduos que o atendem em lojas e em outros lugares que você visita.
- **O seu anjo da guarda:** por protegê-lo e guiá-lo em todas as suas encarnações.
- **A sua habilidade** de se comunicar com anjos específicos sempre que precisa de ajuda especializada.
- **O seu lar**, que lhe oferece abrigo e um lugar para morar.
- **O seu trabalho**, que o supre com uma renda, bem como com oportunidades

Você também pode listar itens tangíveis, como investimentos, dinheiro no banco e seu carro. Além disso, pode listar itens intangíveis, como fé, intuição, bom gosto e sorte.

Você pode se estender para além de si mesmo e pensar nas vantagens de morar onde mora, bem como nas instalações e nas oportunidades que existem no seu bairro, na sua cidade e no seu país.

Pode ser proveitoso criar constantemente uma lista de todas as bênçãos na sua vida, a fim de ajudá-lo a viver com sentimentos de gratidão e fartura. Quando eu trabalhava como hipnoterapeuta, sugeria frequentemente aos pacientes que apresentavam insônia para pensarem sobre as bênçãos em suas vidas quando eles iam para a cama. Isso afastava a mente deles de seus problemas e preocupações e, em muitos casos, os auxiliava a relaxar o suficiente para adormecerem.

O Ritual

Existem quatro partes da bênção angélica. A primeira parte é criar um círculo de proteção invisível ao seu redor. Após fazer isso, você realiza uma purificação em si mesmo. Isso serve para eliminar qualquer negatividade que possa envolvê-lo e para intensificar a positividade. A terceira parte é a bênção angélica, e a parte final é encerrar o ritual agradecendo aos quatro arcanjos principais e desfazendo o círculo.

Preparação

Encontre um ambiente relaxante para realizar a bênção angélica. O local precisar estar agradavelmente quente, e as suas roupas devem ser largas e confortáveis. Você pode querer colocar alguma música relaxante de *New Age* para compor a atmosfera.

Se você tiver um pêndulo, coloque-o por perto, a fim de que possa utilizá-lo na parte de purificação pessoal.

Você também precisará dispor de cerca de 30 minutos de tempo ininterrupto para realizar a bênção.

Como Criar o Círculo de Proteção

Comece o ritual realizando a Invocação de Proteção Angélica do capítulo 3. Você pode criar um círculo ao seu redor onde quer que esteja. Se estiver sentado em uma poltrona, tudo o que precisa fazer é imaginar um círculo envolvendo completamente você e a poltrona. Se estiver deitado na cama, imagine um círculo que consiste em um semicírculo no ar acima de você e em um semicírculo que passa por baixo da cama e talvez, até mesmo, no chão. Os dois semicírculos se juntam para criar o seu círculo mágico. Prefiro utilizar uma cadeira com encosto reto, colocada no centro do ambiente no qual estiver trabalhando. Eu fico de pé enquanto estou criando o círculo e, então, me sento para a bênção. Eu fico de pé novamente para desfazer o círculo no fim do ritual.

Purificação Pessoal

A segunda parte do ritual é proporcionar a si mesmo uma purificação pessoal. Eu normalmente faço isso com um pêndulo, mas você pode realizar os movimentos negativos e positivos com a sua mão dominante, se não tiver um pêndulo com você.

Balance o seu pêndulo (ou movimente a sua mão em pequenos círculos) no sentido anti-horário enquanto profere, de preferência em voz alta:

"Eu peço para (Deus, o Espírito Divino, a Força Vital Universal ou qualquer termo que você escolha utilizar) e para os anjos eliminarem qualquer negatividade que esteja me afetando adversamente de alguma forma. Por favor, eliminem toda a negatividade no meu corpo, na minha mente e no meu espírito. Por favor, eliminem qualquer negatividade em todos os ambientes nos quais eu estiver hoje. Por favor, eliminem também qualquer negatividade que possa estar presa dentro do corpo, da mente e do coração de todas as pessoas que amo. Por favor, permitam que qualquer negatividade que eu encontre hoje seja totalmente dissolvida e perca todo o poder de prejudicar a mim e aos outros, de qualquer maneira. Por favor (Deus, o Espírito Divino, a Força Vital Universal, etc.), substituam toda a negatividade por paz, harmonia e amor divino".

Pense sobre a sua intenção e observe o seu pêndulo até ele parar de se movimentar. Quando ele parar, balance-o no sentido horário (ou movimente a sua mão dominante em círculos no sentido horário) e diga:

"Eu peço para os anjos paz de espírito, felicidade, alegria e amor em tudo o que eu fizer hoje. Ajudem-me a levar alegria e felicidade a todos os lugares para onde eu for, para que todo mundo que eu encontre se sinta melhor como resultado da minha presença. Por favor, ajudem-me a ser cortês, paciente, gentil e compreensivo, até mesmo em situações difíceis. Por favor, ajudem-me a fazer uma diferença positiva para todos que eu encontrar hoje.

Por favor, fortaleçam a minha aura, a fim de que eu possa afastar toda a ansiedade, o estresse, o medo e qualquer outra forma de negatividade que possa encontrar, e ainda me manter aberto a tudo o que for positivo e bom. Por favor, ajudem-me a ver o bem em todos que eu encontrar.

Por favor, abençoem toda a comida e a bebida que eu consumir, e permitam que elas nutram o meu corpo, a minha mente e o meu espírito. Por favor, eliminem quaisquer doenças do meu corpo físico, a fim de que eu possa desfrutar de uma saúde radiante e de vitalidade. Por favor, ajudem-me a me tornar a pessoa que quero ser. Obrigado. Obrigado. Obrigado".

Novamente, observe os movimentos do pêndulo até ele parar. Quando ele parar, diga um último "obrigado".

Os pêndulos geralmente são utilizados para a radiestesia, o que significa que eles podem detectar qualquer coisa escondida, como petróleo, água ou minerais preciosos. No entanto, também podem ser usados para outros propósitos, como para responder a perguntas, estimular a cura espiritual e determinar intenções. Esta purificação pessoal utiliza um pêndulo para determinar uma intenção, eliminar a negatividade e atrair a positividade.

Se você não tiver um pêndulo, pode usar a sua mão dominante para fazer isso por você. Movimente a sua mão em pequenos círculos no sentido anti-horário enquanto profere a primeira parte da purificação (removendo a negatividade) e no sentido horário (para intensificar a positividade) enquanto profere a segunda parte.

Agora, você está totalmente protegido pelos quatro arcanjos, eliminou a negatividade e atraiu a positividade para a sua vida. Nós estamos finalmente prontos para prosseguir com a bênção angélica.

Bênção Angélica

A bênção angélica é uma meditação guiada na qual você se conectará com a energia angélica, principalmente com a energia do seu anjo da guarda. Mantenha-se confortável o máximo que puder, feche os olhos e relaxe. Você pode usar qualquer método que aprecie para relaxar totalmente o seu corpo. Se eu tenho pouco tempo, conto silenciosamente de cinco a um e, então, permito que cada célula no meu corpo relaxe. Na maior parte do tempo, utilizo um relaxamento progressivo que dura cerca de cinco minutos. Você pode achar proveitoso registrar as palavras que uso. De forma alternativa, leia-as duas ou três vezes e, depois, feche os olhos e silenciosamente passe pelo processo de utilizar uma mistura das suas palavras e das minhas, até se sentir relaxado por completo.

"Inspire bem profundamente e feche os olhos ao expirar. Deixe todos os seus músculos relaxarem. Permita-se entrar cada vez mais profundamente em um relaxamento prazeroso a cada respiração. É uma incrível sensação apenas se permitir ser conduzido a um estado prazeroso, tranquilo e relaxante. Isso é muito calmo, sereno e relaxante.

Conforme você relaxa cada vez mais, torna-se ciente de Rafael, Miguel, Gabriel e Uriel, os quatro grandes arcanjos, envolvendo-o com amor e proteção. Saber que eles estão com você o ajuda a ser conduzido ainda mais profundamente a um relaxamento prazeroso. Permita que o som da minha voz se misture com cada respiração sua e relaxe ainda mais. Desfrute da sensação de relaxamento total percorrendo cada parte do seu corpo, desde a parte de cima da sua cabeça até as pontas dos seus dedos dos pés.

Você pode continuar indo mais fundo agora. Perceba o quão confortável e relaxado se sente ao ser conduzido ainda mais profundamente a um relaxamento prazeroso. Note o quão relaxados estão os seus pés e deixe esse relaxamento prazeroso percorrer as suas pernas, permitindo que todos os músculos em suas panturrilhas e coxas relaxem cada vez mais. Sinta o relaxamento subindo para o seu abdômen e o seu peito, e descendo por cada braço, até as suas mãos e os seus dedos. Permita que todos os músculos nos seus ombros e no seu pescoço relaxem, e deixe essa incrível sensação de relaxamento passar pela sua cabeça e pelo seu rosto. Sinta os músculos finos ao redor dos seus olhos relaxando também. Isso é muito prazeroso, tranquilo e relaxante.

Enquanto você respira profundamente e relaxa cada vez mais a cada respiração, apenas desfrute dessa incrível sensação de relaxamento total e completo se espalhando para cada célula do seu corpo. É uma sensação maravilhosa estar seguro e protegido, ser amado e estar extremamente relaxado.

Na sua imaginação, visualize uma linda luz branca descendo e envolvendo-o com sua energia de cura sutil e restauradora. Cada respiração sua o preenche com esse amor e essa energia divinos.

Agora, visualize o Arcanjo Rafael à sua frente, como parte do seu círculo de proteção. Ele traz um enorme sorriso no rosto enquanto caminha adiante, abraça-o e, então, coloca a mão direita na parte de cima da sua cabeça. Ele lhe pede para respirar profundamente e se libertar de quaisquer emoções ou sentimentos negativos que possa ter ao expirar. Rafael lhe diz para se libertar de toda a negatividade. Ao fazer isso, você pode sentir uma leveza em todo o seu corpo, ao eliminar todos os sofrimentos e dores que tem carregado por tanto tempo. Você não precisa mais deles e, com a ajuda de Rafael, sabe que se libertou desses sentimentos. Você se sente totalmente em paz. O Arcanjo Rafael o abraça mais uma vez e, então, dá um passo para trás, a fim de completar o círculo de proteção. Você agradece a ele silenciosamente, e ele sorri de novo.

Neste instante, você vê o Arcanjo Miguel caminhar até você. Ele também o abraça e, então, coloca a mão direita no seu ombro. Você sente a força e o amor dele e, instantaneamente, percebe que todos os seus medos, dúvidas e preocupações desapareceram. Você também tem uma forte sensação de saber que ele está pronto e disposto a protegê-lo sempre que pedir. Ele o abraça de novo e, então, dá um passo para trás. Você agradece a ele silenciosamente por cuidar de si e mantê-lo seguro.

Você nota que o Arcanjo Gabriel, que estava atrás de você, agora está à sua frente. Ele também o abraça. Em vez de ficar atrás de novo, ele continua a abraçá-lo, e você se sente totalmente envolvido pelo amor e pelo cuidado dele com você. Instintivamente, você percebe que, sempre que precisar de orientação, Gabriel estará lá para ajudá-lo. Gabriel aperta o abraço por um momento e, então, desaparece. De alguma forma, você sabe que ele está atrás de si novamente, completando o círculo de proteção.

Ao seu lado esquerdo, o Arcanjo Uriel caminha em sua direção. Ele também o abraça e, então, coloca a mão direita no seu ombro esquerdo. Imediatamente, você sente uma paz e uma tranquilidade fluírem através de si. Consegue sentir toda a dor e o trauma do passado se dissipando e desaparecendo com seu toque sutil, mas poderoso. Uriel silenciosamente lhe diz que deseja que você sinta a mesma luz divina que ele oferece aos místicos, e explica que ela o ajudará a obter uma conexão mais próxima com o Divino. Ele o abraça de novo e dá um passo para trás.

Nesse estado de relaxamento calmo e tranquilo, torne-se ciente de todas as bênçãos na sua vida. Pense nelas, uma de cada vez, e agradeça a Deus (o Espírito Divino, a Força Vital Universal, etc.) por lhe oferecer o dom da vida e por todas as outras bênçãos das quais desfruta. Nós normalmente subestimamos essas bênçãos, e é bom agradecer ao Criador do Universo por elas. Leve quanto tempo for necessário. Enquanto estiver fazendo isso, poderá sentir a presença dos anjos. Pode ser um movimento suave, que você mal pode detectar; ou um toque sutil no seu braço ou na sua face. Pode sentir um perfume bom. Se você tiver muita sorte, pode receber um toque sutil das asas de um anjo, provavelmente do seu anjo da guarda.

Faça uma pausa agora e transmita alguns pensamentos para o seu anjo da guarda. Agradeça ao seu anjo guardião por estar com você e por cercá-lo de amor e auxílio, desde o momento em que nasceu. Pergunte ao seu anjo da guarda se ele tem uma mensagem para você. Continue relaxando e dê ao seu anjo tempo para ele lhe transmitir uma mensagem. Ela pode surgir como um pensamento repentino e inesperado; ou pode ser um sentimento, uma sensação de saber o que você deve fazer com a sua vida. Você será capaz de ouvir o seu anjo da guarda conversando silenciosamente consigo. Pode também visualizar o seu anjo da guarda pelo olho da sua mente. As mensagens angélicas podem surgir de todas as formas diferentes. Se não receber nada agora, mantenha a confiança de que receberá uma mensagem muito em breve, talvez nos seus sonhos esta noite ou de alguma outra maneira. Saiba que, sem sombra de dúvida, o seu anjo da guarda está sempre com você. Prometa ao seu anjo que tentará ficar mais atento ao que ele está querendo dizer.

Você pode querer fazer perguntas sobre assuntos da sua vida. Pode perguntar o que quiser. Essa é uma boa forma de começar uma conversa com o seu anjo. Escute com atenção as respostas. As respostas provavelmente vão surgir como pensamentos na sua mente.

Você deve certamente pedir ajuda para obter qualquer coisa que estiver faltando na sua vida. Peça saúde, felicidade, amor, fartura e tudo o mais que desejar. Existem anjos que cuidam de diferentes áreas da vida, e o seu anjo da guarda o apresentará a eles se necessário.

Lembre-se também de que, neste momento, você está cercado pelos arcanjos mais poderosos de Deus, e pode conversar diretamente com eles. É capaz de se comunicar com o Arcanjo Rafael sobre quaisquer assuntos que envolvam cura espiritual, emocional, mental e física. Converse com o Arcanjo Miguel se você precisar de coragem, força ou proteção. Invoque Miguel se estiver tentado a não ser totalmente honesto. Converse com o Arcanjo Gabriel se você tiver dúvidas, medos e preocupações. Gabriel também oferecerá orientação, purificação e perdão. Uma conversa com o Arcanjo Uriel lhe dará toda uma nova perspectiva sobre a vida. Ele o ajudará a encontrar paz interior, tranquilidade, clareza e percepção, e também o auxiliará a desenvolver as suas habilidades psíquicas e intuitivas. Além de tudo isso, o Arcanjo Uriel deseja que você prospere e leve uma vida bem-sucedida e realizada.

Depois de conversar com os anjos dos quais você necessita neste momento, peça uma bênção angélica. Visualize os quatro arcanjos proporcionando um círculo de proteção ao seu redor e sinta o seu anjo da guarda dentro desse círculo, envolvendo-o com um amor puro e incondicional. Na sua imaginação, olhe para cima e veja que você está totalmente cercado por anjos, para onde quer que olhe. O céu está repleto de miríades de anjos, e eles estão todos sorrindo para você. Eles estão lhe dizendo que o amam incondicionalmente e que sempre estão lá por você. Querem ajudá-lo a aproveitar o máximo desta encarnação. Neste instante, eles desejam lhe transmitir bênçãos adicionais e assegurar-lhe de que pode invocá-los sempre para obter ajuda e orientação. Conforme você estiver envolvido por todo esse amor divino, sinta a área ao redor do seu coração se abrir para receber esta incrível bênção dos reinos angélicos. Permita que essa energia maravilhosa flua em cada célula do seu corpo, revitalizando-o, recuperando-o e abençoando-o completamente.

Você entende que, com a ajuda dos seus anjos, pode conseguir qualquer coisa. Tem uma nova sensação de poder e, talvez pela primeira vez, torna-se ciente do seu potencial ilimitado.

Você merece felicidade, amor, realização e fartura. Peça para os anjos o ajudarem a reivindicar aquilo que você tanto merece por direito. Passe alguns instantes desfrutando da bênção, do amor incondicional de todos os anjos e do reconhecimento de si mesmo como uma parte importante e essencial de todo o universo. Você se sente verdadeiramente abençoado.

Agora, agradeça aos anjos por tudo o que eles fizeram, estão fazendo e farão por você. Diga-lhes o que eles significam para você e o quanto aprecia o trabalho deles a seu favor. Os coros angélicos gradativamente desaparecem de vista, e neste instante você está cercado pelos quatro arcanjos. Expresse a sua gratidão a eles por tudo o que fazem por você e agradeça-lhes por protegerem-no durante esta bênção angélica. Agradeça ao Arcanjo Uriel, seguido de Gabriel, Miguel e Rafael. Conforme eles desaparecem de vista, você sente o seu anjo da guarda à sua frente. Agradeça a ele e, então, conte silenciosamente de um a cinco. Abra os olhos. A bênção está encerrada."

Bênçãos Diárias

Com a ajuda do seu anjo da guarda, você pode aprimorar a vida de muitas pessoas, abençoando-as silenciosamente em todos os lugares para onde for. Além de ajudar os outros, você aprimorará a qualidade da sua própria vida todas as vezes em que oferecer uma bênção. Quando pensa de forma negativa, transmite inconscientemente mensagens negativas para as outras pessoas. É impossível transmitir bênçãos boas e positivas quando você está repleto de pensamentos negativos, como raiva, rancor e ressentimento. Consequentemente, transmitir bênçãos positivas para as outras pessoas o mantém em um estado de espírito assertivo. Esse é um bom exemplo de que você colhe aquilo que planta.

Tudo o que você precisa fazer é pedir para o seu anjo da guarda ajudá-lo a transmitir bênçãos para os outros. Ao acordar de manhã, diga ao seu anjo da guarda que pretende abençoar pelo menos mil pessoas no dia. Pergunte se o seu anjo está disposto a auxiliá-lo. Depois de receber a aprovação do seu anjo, pense nas muitas bênçãos que você tem na sua vida, enquanto se prepara para o dia à sua frente.

Comece transmitindo silenciosamente uma bênção para a primeira pessoa que encontrar. Visualize o seu anjo da guarda ao seu lado. Com o incentivo dele, diga em silêncio algo simples, como: "Eu o abençoo". Você pode preferir dizer algo como: "Eu o cerco de amor e felicidade. Desejo-lhe o melhor que a vida tem a oferecer". Você provavelmente nunca saberá o efeito que a sua bênção teve sobre essa pessoa, mas sentirá uma intensificação em sua própria positividade e felicidade.

Se você vai para o trabalho de ônibus ou trem, peça para o seu anjo da guarda ajudá-lo a transmitir uma bênção a todos que estão se deslocando pelo transporte. Você pode transmitir uma bênção aos ocupantes do carro à sua frente quando estiver dirigindo. Lembre-se de transmitir bênçãos a todas as pessoas nos lugares em que faz compras ou visita com frequência. Abençoe todos os seus colegas no trabalho, até mesmo aqueles que o importunam constantemente. Na verdade, essas pessoas devem receber uma bênção pessoal em vez de uma bênção em grupo.

Quando você passar por um hospital, transmita uma bênção a todos que trabalham nele, bem como a todos os pacientes. Você pode abençoar todos os professores e alunos quando passar por uma escola. Pode abençoar as pessoas nos clubes e nas organizações aos quais você pertence. Pode abençoar os ocupantes de um avião que você vê passando acima de si. Pode abençoar as pessoas que aparecem na tela da sua televisão ou cujas vozes escuta no rádio.

De vez em quando, durante o dia, permita que o seu anjo da guarda saiba o quanto você está progredindo e aproximadamente quantas pessoas abençoou. Não há limite para o número de pessoas que você pode abençoar. Você pode abençoar todos que estão assistindo a um jogo de futebol ou a um show de rock. Pode transmitir bênçãos a pessoas em países distantes, principalmente àquelas que estão sofrendo. Não existem limitações quanto a quem você pode abençoar ou a quão longe essas pessoas possam estar.

Este exercício o ajudará de muitas formas. Ele intensificará a sua própria positividade e a conexão que você tem com o seu anjo da guarda. E, como nós nos tornamos aquilo em que pensamos, ele intensificará a qualidade de todo aspecto da sua vida.

Não existe limite para o que você possa abençoar. Você pode abençoar animais, alimentos, bebidas, o mundo e inclusive a si mesmo. Sempre que se sentir chateado, estressado ou descontente por alguma razão, peça para o seu anjo da guarda ajudá-lo a abençoar a si também.

Oração do Coração com o Seu Anjo da Guarda

Obter experiência em oração contemplativa requer tempo e prática. No entanto, vale a pena perseverar, pois isso proporciona muitas recompensas. O principal benefício é que você passará um tempo na presença do Divino, acompanhado de seu anjo da guarda. Nutrirá a sua alma, e perceberá uma intensificação na sua sensação de bem-estar e felicidade. Você terá um vislumbre poderoso da perfeição e do mistério do universo. Como consequência, a sua saúde se beneficiará, pois os seus níveis de estresse e de pressão arterial diminuirão.

Reserve pelo menos 40 minutos durante os quais você não será interrompido.

1. Comece realizando a Invocação de Proteção Angélica do capítulo 3.
2. Sente-se de modo confortável, feche os olhos e respire lenta e profundamente por três vezes. Visualize o seu anjo da guarda ao seu lado e "veja" vocês dois sorrindo um para o outro.
3. Relaxe o seu corpo, começando por se concentrar no seu pé esquerdo e nos dedos do pé. Permita que os músculos do seu pé esquerdo relaxem completamente e, então, deixe o relaxamento prazeroso percorrer o seu tornozelo e os seus músculos da panturrilha. Quando eles estiverem relaxados, permita

que o relaxamento percorra o seu joelho e a sua coxa. Repita isso com os dedos do pé, o pé e a perna do lado direito.
4. Quando ambas as pernas estiverem relaxadas, permita que o relaxamento percorra o seu abdômen e o seu peito, seguidos por seus ombros, braços, mãos e dedos das mãos. Deixe que o relaxamento se espalhe pelo seu pescoço e passe pelo seu rosto, antes de você relaxar o restante da sua cabeça.
5. Mentalmente, examine o seu corpo inteiro, para ter certeza de que esteja completamente relaxado. Relaxe quaisquer áreas que ainda estiverem tensas e sinta um toque sutil do seu anjo da guarda, que lhe indica que você está completamente relaxado e apto a continuar.
6. Pense no lugar mais bonito e tranquilo que você já viu, e visualize a si mesmo e ao seu anjo da guarda dentro dessa cena. Respire lenta e profundamente por três vezes e visualize essa cena com cada respiração.
7. Esqueça a sua respiração, mas continue a visualizar a si mesmo e ao seu anjo da guarda nesse lindo cenário. Espere ansiosamente em silêncio. Toda vez que um pensamento aleatório entrar na sua mente, afaste-o com calma. Você pode se imaginar colocando o pensamento em uma nuvem fofa e o observando ir embora. É natural pensamentos dispersos passarem pela sua mente enquanto estiver rezando de forma contemplativa.
8. A cada vez que você afastar um pensamento indesejado, direcione a sua mente de volta para a paz e a tranquilidade. Você pode retornar para a linda cena com o seu anjo da guarda. Pode preferir simplesmente se manter sentado em silêncio, esperando o Divino entrar em contato.
9. Mantenha-se o máximo de tempo que conseguir nesse estado tranquilo, meditativo e contemplativo. Você poderá descobrir que só conseguirá sustentá-lo por alguns minutos na primeira vez em que tentar praticá-lo.
10. Quando você se sentir pronto, sorria para o seu anjo da guarda. Respire lenta e profundamente por três vezes, torne-se familiarizado com o ambiente ao seu redor, agradeça aos

quatro grandes arcanjos e despeça-se deles. Conte de um até cinco, abra os olhos e passe alguns minutos pensando na sua oração contemplativa antes de se levantar. Lembre-se de anotar quaisquer percepções ou pensamentos que vierem a você durante ou após a sua oração.

11. Repita esta oração sempre que puder. Quanto mais praticar, melhor você se tornará, e mais fácil será realizá-la.

Conclusão

Espero que você tenha realizado alguns dos rituais e das visualizações contidos neste livro e que tenha fortalecido a sua conexão, tanto com o seu anjo da guarda quanto com o Divino. O seu anjo apreciará enormemente todos os rituais e as visualizações que fizer, pois você é o único propósito do seu anjo da guarda.

Na agitação da vida cotidiana, pode ser fácil se esquecer de que a vida é mais do que o mundo material em que vivemos. Infelizmente, várias pessoas levam a vida inteira vivendo no mundo material e não prestam atenção ao lado espiritual de seu ser. Uma das minhas citações favoritas é: "Nós não somos seres humanos tendo uma experiência espiritual; nós somos seres espirituais tendo uma experiência humana". Essas palavras, atribuídas a dois dos meus heróis – Pierre Teilhard de Chardin e G. I. Gurdjieff –, mostram a importância do lado espiritual da vida. A maioria das pessoas sabe, possivelmente em um nível inconsciente, que nós não somos apenas a soma total de nossos pensamentos e sentimentos. Estamos cientes de que fazemos parte de algo maior do que nós mesmos e que, de alguma forma, estamos todos conectados com a Divindade, ou a essência divina, independentemente da maneira como a percebemos.

Muitas pessoas descobrem sua conexão divina quando passam por algo que não conseguem explicar. Quando elas contam aos outros a respeito disso, em geral começam com: "Alguma coisa me disse para não..." ou "Eu simplesmente tive um pressentimento...". Ao seguir as instruções da voz, essas pessoas podem ter evitado um acidente de carro ou alguma outra situação potencialmente perigosa. Elas podem ter superado uma tentação de fazer alguma coisa errada. Podem ter repentinamente pensado em um amigo querido e, após ligarem para ele, terem descoberto que ele precisava de ajuda. Agora que você já leu este livro, acha que é possível que essa voz suave possa ter sido dos anjos da guarda dessas pessoas, os quais estavam cuidando delas?

A minha vida mudou enormemente depois que o meu anjo da guarda conversou comigo pela primeira vez, quando eu estava passando por um período difícil no começo da vida adulta. Com o passar dos anos, conheci muitas pessoas que foram contatadas por seus anjos da guarda pela primeira vez quando estavam sobrecarregadas com problemas e preocupações.

Recentemente, uma senhora me disse que o primeiro contato que teve com seu anjo da guarda ocorreu quando ela estava extremamente feliz. Ela estava casada havia dois anos e grávida de seu primeiro filho. "A vida estava tão boa", me disse, "que eu comecei a realizar a bênção sobre a qual você me falou. Isso fez eu me sentir ainda mais feliz, e, então, a minha anja da guarda apareceu, primeiro em um sonho, e, depois, toda vez que eu realizava uma bênção. Eu converso com ela diversas vezes, todos os dias". A bênção à qual ela se referiu está no capítulo 5.

O seu anjo da guarda está pronto para se comunicar com você a qualquer momento. Não importa se esteja feliz ou triste; se é rico ou pobre; se está em um relacionamento ou se está sozinho, ou qualquer outra coisa.

Felizmente, o seu anjo da guarda quer ter uma conexão mais próxima com você, o que significa que pode começar a se comunicar com ele quando quiser. A comunicação muitas vezes acontece quando as pessoas estão prontas para explorar os aspectos espirituais de sua vida.

No panorama geral das coisas, não importa como ou quando você vai encontrar o seu anjo da guarda. O que é importante é que você estabeleça essa conexão com o seu amigo mais próximo. Espero que este livro o ajude a desenvolver um vínculo próximo e uma amizade profunda com o seu anjo da guarda.

Bibliografia

ADAM, James. *The Vitality of Platonism*. Cambridge, UK: Cambridge University Press, 1911.

ALI, Abdullah Yusuf (trad.). *The Qur'an*. Elmhurst, NY: Tahrike Tarile Qur'an, Inc., 2001.

BEDE, The Venerable. *A History of the English Church and People*. Tradução: Leo Sherley-Price e R. E. Latham. Harmondsworth, UK: Penguin Books, 1996.

BLACK, Jonathan. *The Sacred History*: How Angels, Mystics and Higher Intelligence Made Our World. London: Quercus Editions Limited, 2013.

BONAVENTURE. *The Works of Bonaventure*: Cardinal, Seraphic Doctor and Saint. v. 15. Tradução: José de Vinck. Paterson, NJ: St. Anthony Guild Press, 1960-1969.

BREWER, E. Cobham. *A Dictionary of Miracles*: Imitative, Realistic, and Dogmatic. London: Chatto and Windus, 1884.

BRUNO, Anthony Vincent. *The Wisdom of the Saints*. 2019. Disponível em: https://books.google.co.nz/books?id=Hp-qDwAAQBAJ&printsec=frontcover&source=gbs_atb&redir_esc=y#v=onepage&q&f=false. Acesso em: 2019.

BYRNE, Lorna. *A Message of Hope from the Angels*. London: Coronet, 2012.

BYRNE, Lorna. *Angels at My Fingertips*. London: Coronet, 2017.

BYRNE, Lorna. *Angels in My Hair*. London: Century, 2008.

BYRNE, Lorna. *Love from Heaven*. London: Coronet, 2014.

BYRNE, Lorna. *My Guardian Angel, My Best Friend*: Seven Stories for Children. London: Coronet, 2020.
BYRNE, Lorna. *Prayers from the Heart*. London: Coronet, 2020.
BYRNE, Lorna. *Stairways to Heaven*. London: Coronet, 2012.
BYRNE, Lorna. *The Year with Angels*. London: Coronet, 2016.
CAESARIUS OF HEISTERBACH. *The Dialogue on Miracles*. v. 1 e 2. Tradução: H. von Scott e C. C. Swinton Bland. London: G. Routledge and Sons, 1929.
CARPENTER, Humphrey. *The Letters of J. R. R. Tolkien*. Boston: Houghton Mifflin-Harcourt, 2014.
CHARLES, R. H. *The Apocrypha and Pseudepigrapha of the Old Testament*. Oxford, UK: Clarendon Press, 1913.
CHASE, Steven. *Angelic Spirituality*: Medieval Perspectives on the Ways of Angels. Mahwah, NJ: Paulist Press, 2002.
CONNELL, Janice T. *Angel Power*. New York: Ballantine Books, 1995.
COPEN, Bruce. *The Practical Pendulum*. Sussex, UK: Academic Publications, 1974.
CROWLEY, Aleister. *Magick Without Tears*. St. Paul, MN: Llewellyn Publications, 1974. Publicado originalmente em 1954 por The Thelema Publishing Company (Hampton, NJ).
CROWLEY, Aleister. *Portable Darkness*: An Aleister Crowley Reader. New York: Harmony Books, 1989.
CROWLEY, Aleister. *The Book of the Law*. New York, NY: Samuel Weiser, 1976. Publicado originalmente em particular em 1909.
CROWLEY, Aleister. *The Equinox of the Gods*. New York: Gordon Press, 1974. Publicado originalmente em 1919 como *The Equinox*, v. III, n. 3 (London: Ordo Templi Orientis).
DANIEL, Alma; WYLLIE, Timothy; RAMER, Andrew. *Ask Your Angels*. New York: Random House, 1992.
DAVIDSON, Gustav. *A Dictionary of Angels*: Including the Fallen Angels. New York: The Free Press, 1967.
DE MELLO, Anthony. *Taking Flight*: A Book of Story Meditations. New York: Doubleday and Co., 1990.

DHALLA, Maneckji. *History of Zoroastrianism*. Oxford, UK: Oxford University Press, 1938.

EASON, Cassandra. *Encyclopedia of Magic and Ancient Wisdom*. London: Judy Piatkus, 2000.

FERNANDEZ-CARVAJAL, Francis. *In Conversation with God*: Meditation for Each Day of the Year. v. 7. Strongsville, OH: Scepter Publishers, 2005.

FODOR, Nandor. *Encyclopaedia of Psychic Science*. London: Arthurs Press, 1933. Reimpresso em 1966 por University Books (New Hyde Park, NY).

GINZBERG, Louis. *Legends of the Jews*. Tradução: Henrietta Szold. Philadelphia: The Jewish Publication Society, 2003. Publicado originalmente em sete volumes em 1909, 1910, 1911, 1913, 1925, 1928 e 1938.

HARPUR, Patrick. *A Complete Guide to the Soul*. London: Rider, um selo da Ebury Publishing, 2010.

HILLMAN, James. *The Soul's Code*: In Search of Character and Calling. New York: Ballantine Books, 1996.

HUBER, Georges. *My Angel Will Go Before You*. Tradução: Michael Adams. Dublin, IE: Four Courts Press, 1983.

JEFFREY, Francis. *John Lilly, So Far*. Los Angeles: Jeremy P. Tarcher, 1990.

JOVANOVIC, Pierre. *An Inquiry into the Existence of Guardian Angels*. Tradução: Stephen Becker. New York: M. Evans and Company, 1995. Publicado originalmente em 1993 por Editions Filipacchi (Levallois-Perret, France).

KECK, David. *Angels and Angelology in the Middle Ages*. New York: Oxford University Press, 1998.

LAURENCE, Richard (trad.). *The Book of Enoch the Prophet*. San Diego: Wizard's Bookshelf, 1976. Publicado originalmente em 1821 por Kegan Paul, Trench & Co. (London).

LILLY, John C. *The Scientist*: A Metaphysical Autobiography. Berkeley, CA: Ronin Publishing, 1988.

LOMBARD, Peter. *The Sentences, Book 2: On Creation*. Toronto: Pontifical Institute of Mediaeval Studies, 2008.

MATHERS, S. L. MacGregor (trad.). *The Book of the Sacred Magic of Abramelin the Mage*. Mineola, NY: Dover Publications, 2012. Publicado pela primeira vez em 1900 por John M. Watkins (London).
MINIMA, Sr. Mary. *Seraph Among Angels*: The Life of St. Mary Magdalene de' Pazzi. Chicago, IL: The Carmelite Press, 1958.
MOORE, Tom T. *The Gentle Way III*: Master Your Life. Flagstaff, AZ: 3 Light Technology Publishing, 2013.
ORIGEN. Editado por Alexander Roberts, James Donaldson e Cleveland A. Coxe. *The Anti-Nicene Fathers*. v. 4. Peabody, MA: Hendrickson Publishers, 1994.
PARENTE, Alessio. *Send Me Your Guardian Angel*. Amsterdam, NY: The Noteworthy Company, 1984.
PARISEN, Maria. *Angels & Mortals*: Their Co-Creative Power. Wheaton, IL: The Theosophical Publishing House, 1990.
PLATO. *Symposium*. Muitas edições disponíveis.
POTTER, Richard; POTTER, Jan. *Spiritual Development for Beginners*. Woodbury, MN: Llewellyn Publications, 2006.
PSEUDO-DIONYSIUS. *Pseudo-Dionysius*: The Complete Works. Tradução: Colm Luibheid. Mahwah, NJ: Paulist Press, 1987.
REES, Valery. *From Gabriel to Lucifer*: A Cultural History of Angels. London: I. B. Taurus & Co., 2013.
ROBERTS, Ursula. *The Mystery of the Human Aura*. York Beach, ME: Samuel Weiser, 1984. Publicado originalmente em 1950 por The Spiritualist Association of Great Britain (London).
RONNER, John. *Know Your Angels*: The Angel Almanac with Biographies of More than 100 Angels in Legend and Folklore. Murfreesboro, TN: Mamre Press, 1993.
SITCHIN, Zecharia. *Divine Encounters*: A Guide to Visions, Angels, and Other Emissaries. New York: Avon Books, 1995.
SKILLING, Johanna. "J. R. R. Tolkien: Love Individualized". *In*: *The Big Book of Angels*. Emmaus, PA: Rodale, 2002.
SMYTHE, F. S. *Camp Six*. London: Hodder & Stoughton Ltd., 1937.
STANFORD, Peter. *Angels*: A Visible and Invisible History. London: Hodder & Stoughton Ltd., 2019.

THE APOCRYPHA. Versão revisada. Cambridge, UK: Cambridge University Press, 1983. Publicado pela primeira vez em 1895 por Oxford University Press (Oxford, UK).
THOMAS NELSON BIBLES. *The Holy Bible in the King James Version*. Nashville: Thomas Nelson Publishers, 1984.
VON HOCHHEIM, Eckhart. "Sermon Nine". *In*: OLD, Hughes Oliphant. *The Reading and Preaching of the Scriptures in the Worship of the Christian Church*. v. 3, *The Medieval Church*. Grand Rapids, MI: Wm. B. Eerdmans Publishing Company, 1998.
VON LAMA, Freidrich (ed.). *The Angels, Our God Given Companions and Servants*. Collegeville, MN: Rev. Celestine Kapsner. O.S.B., St. John's Abbey, 1935.
WEBSTER, Richard. *Angels for Beginners*. Woodbury, MN: Llewellyn Publications, 2017.
WEBSTER, Richard. *How to Use a Pendulum*: 50 Practical Rituals and Spiritual Rituals for Clarity and Guidance. Woodbury, MN: Llewellyn Publications, 2020.
WEBSTER, Richard. *Prayer for Beginners*. Woodbury, MN: Llewellyn Publications, 2009.
WEBSTER, Richard. *Spirit Guides & Angel Guardians*: Contact Your Invisible Helpers. St. Paul, MN: Llewellyn Publications, 1988.
WILSON, Colin. *Aleister Crowley*: The Nature of the Beast. Wellingborough, UK: The Aquarian Press, 1987.
ZALESKI, Philip; ZALESKI, Carol. *The Fellowship*: The Literary Lives of the Inklings. New York: Farrar, Straus & Giroux, 2015.

Índice Remissivo

A
Alcorão, 24,92
Angelita, 95,97
Aquino, São Tomás de, 13,23
Auras, 111
Aurélio, Marco, 92
Azuonye, Dr. I. O., 39

B
Baruque ben Neriá, 16
Basílio, São 22-33
Bênção angélica, 161,163,166,179
Bibliomancia, 92,93
Blake, William, 129
Boaventura, São, 23,40
Bosco, São João, 35,37
Buda Gautama, 111,129
Byrne, Lorna, 82,83

C
Caixa do anjo da guarda, 64
Carma, 41
Cartas dos anjos, 75,78
Celestita, 70,77,95

Cesário de Heisterbach, 35
Chacras, 115,118,119
Crisóstomo, São João, 22

D

Daimon, 19,20,25
Diário angélico, 64

E

Eckhart, Mestre, 13
Escrita automática, 65,66,67,88
Espaço sagrado, 48,49

F

Fravashi, 18

G

Gabriel, Arcanjo, 17,51,52,53,66,95,168
Gênio, 29
Gregório de Níssa, 26
Grigio, 35,36,37

H

Hermas, 26

I

Inácio de Loyola, Santo, 40
Intuição, 35,55,56,76,79,92,93,94
Islamismo, 24

J

Jerônimo, São, 22
Judaísmo, 21,24,25
Juno, 20

K
Keribu, 19

L
Lewis, C. S., 129
Lilly, John C., 13,43
Lombard, Peter, 26
Lúcifer, 17

M
Manganocalcita, 95
Menandro de Atenas, 21
Miguel, Arcanjo, 51,53,55,83,168,179
Moiras, 19

N
Números angélicos, 59,60

O
Oração, 57,58,66,73,82,94,99,173
Oração contemplativa, 173,175
Orígenes, 22

P
Paulo V, Papa, 23
Pazzi, Santa Maria Madalena de, 156
Pêndulo, 69,70,71-74,88,96,119,120,121,164,165
Pio XI, Papa, 17,30,154
Platão, 19,20
Prehnita, 96,97
Pseudo-Dionísio, 22,23
Purificação, 77,163,164,165,170

Q

Quartzo rutilado, 70,95

R

Rafael, Arcanjo, 26,30,51,52,63,102,106,107,155,167,170

S

Selenita, 70,77,95
Sócrates, 14,20

T

Talmude, 24,26
Thaller, Mechtilde, 156
Tobias, 26,27,28
Tobit, 27,28,29

U

Uriel, Arcanjo, 52,168,170

W

Whittier, James Greenleaf, 120
Wordsworth, William, 14

Z

Zeus, 19
Zoroastrianos, 18

MADRAS® Editora — CADASTRO/MALA DIRETA

Envie este cadastro preenchido e passará a receber informações dos nossos lançamentos, nas áreas que determinar.

Nome _____
RG _____ CPF _____
Endereço Residencial _____
Bairro _____ Cidade _____ Estado ____
CEP _____ Fone _____
E-mail _____
Sexo ☐ Fem. ☐ Masc.   Nascimento _____
Profissão _____ Escolaridade (Nível/Curso) _____

Você compra livros:
☐ livrarias ☐ feiras ☐ telefone ☐ Sedex livro (reembolso postal mais rápido)
☐ outros: _____

Quais os tipos de literatura que você lê:
☐ Jurídicos   ☐ Pedagogia   ☐ Business   ☐ Romances/espíritas
☐ Esoterismo ☐ Psicologia ☐ Saúde   ☐ Espíritas/doutrinas
☐ Bruxaria   ☐ Autoajuda   ☐ Maçonaria ☐ Outros:

Qual a sua opinião a respeito desta obra? _____
_____

Indique amigos que gostariam de receber MALA DIRETA:
Nome _____
Endereço Residencial _____
Bairro _____ Cidade _____ CEP _____

Nome do livro adquirido: ***Anjo da Guarda***

Para receber catálogos, lista de preços e outras informações, escreva para:

MADRAS EDITORA LTDA.
Rua Paulo Gonçalves, 88 – Santana – 02403-020 – São Paulo/SP
Tel.: (11) 2281-5555 – (11) 98128-7754
www.madras.com.br

MADRAS® Editora

Para mais informações sobre a Madras Editora,
sua história no mercado editorial
e seu catálogo de títulos publicados:

Entre e cadastre-se no site:

www.madras.com.br

Para mensagens, parcerias, sugestões e dúvidas, mande-nos um e-mail:

@ marketing@madras.com.br

SAIBA MAIS

Saiba mais sobre nossos lançamentos,
autores e eventos seguindo-nos no facebook e twitter:

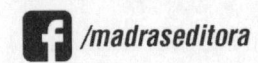

@madrased

/madraseditora